3

兼好法師《けんこうほうし》

「もう安心《あんしん》」と、ほっとした時《とき》が、危険《きけん》

4

パスツール

人《ひと》の二倍《にばい》の時間《じかん》をかければ、必《かなら》ず追《お》い越《こ》せる

5

黒田長政《くろだながまさ》

相手《あいて》の欠点《けってん》を非難《ひなん》しない

マンガ 歴史人物に学ぶ

大人になるまでに身につけたい 大切な心 2

原作 木村 耕一 まんが 太田 寿

1万年堂出版

もくじ

マンガ 歴史人物《れきしじんぶつ》に学《まな》ぶ
大人《おとな》になるまでに身《み》につけたい大切《たいせつ》な心《こころ》②

第《だい》1話《わ》

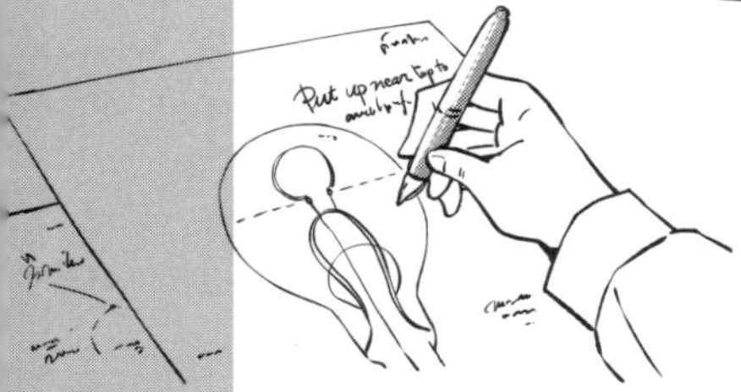

一《いち》万《まん》回《かい》失《しっ》敗《ぱい》した発《はつ》明《めい》王《おう》

エジソンは、
あきらめずに、
ひたすら実験《じっけん》を続《つづ》けた

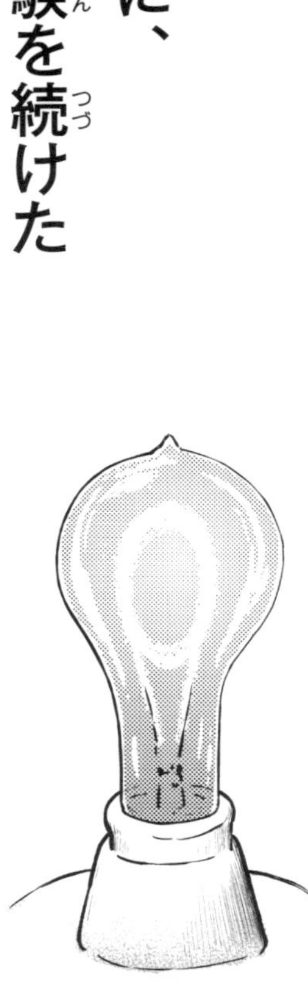

トーマス・エジソン
(1847年生-1931年没)

人物紹介《じんぶつしょうかい》 トーマス・エジソン

エジソンは「世界《せかい》の発明王《はつめいおう》」といわれています。世《よ》の中《なか》の人《ひと》は、彼《かれ》を「天才《てんさい》だ」といいました。しかし、天才《てんさい》というよりも、他人《たにん》の何倍《なんばい》も努力《どりょく》する人《ひと》だったのです。

八歳《はっさい》で小学校《しょうがっこう》に入《はい》りましたが、授業《じゅぎょう》に興味《きょうみ》がわかず、ついていけなくなりました。先生《せんせい》も、友達《ともだち》も「あいつはバカだ」と笑《わら》いました。エジソンは学校《がっこう》へ行《い》くのをやめました。自宅《じたく》で、母《はは》から、読《よ》み書《か》きや算数《さんすう》を学《まな》ぶようになったのです。母《はは》は、エジソンが科学《かがく》に興味《きょうみ》を持《も》っていることを知《し》ると、自由《じゆう》に学《まな》ばせてくれました。

十二歳《じゅうにさい》になると、貧《まず》しい家計《かけい》を助《たす》けるために、列車《れっしゃ》の中《なか》で新聞《しんぶん》を販売《はんばい》する仕事《しごと》に就《つ》きました。しかし、間《ま》もなく熱病《ねつびょう》の後遺症《こういしょう》で耳《みみ》が聞《き》こえにくくなってしまいます。

エジソンは、常《つね》に前向《まえむ》きでした。いかなるハンデも乗《の》り越《こ》えて、自分《じぶん》の夢《ゆめ》を実現《じつげん》していったのです。

成功《せいこう》する人《ひと》、失敗《しっぱい》する人《ひと》……その分《わ》かれ目《め》は、どこにあるのでしょうか
私《わたし》は、運《うん》なんぞ信《しん》じちゃいないよ。
幸運《こううん》も、不運《ふうん》もだ
「世界《せかい》の発明王《はつめいおう》」トーマス・エジソンはこう言《い》い切《き》っています

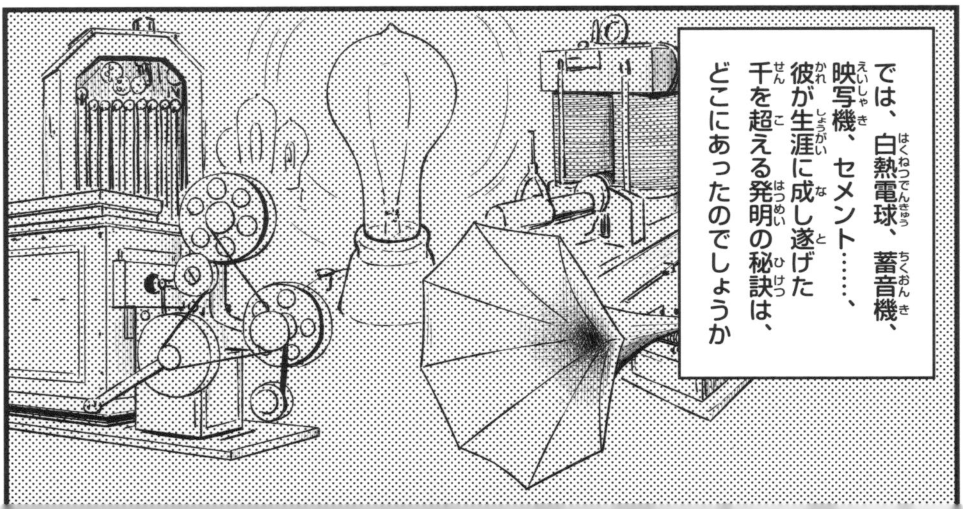
では、白熱電球《はくねつでんきゅう》、蓄音機《ちくおんき》、映写機《えいしゃき》、セメント……、彼《かれ》が生涯《しょうがい》に成《な》し遂《と》げた千《せん》を超《こ》える発明《はつめい》の秘訣《ひけつ》は、どこにあったのでしょうか

豆知識　エジソンは人《ひと》の倍《ばい》働《はたら》ける秘訣《ひけつ》として、健康管理《けんこうかんり》も大事《だいじ》であると言《い》っています。彼《かれ》の食事《しょくじ》は少《すく》なめでしたが、よくかんで食《た》べていたそうです。

エジソンは、こう答《こた》えています
私《わたし》は、普通《ふつう》の人《ひと》の二倍《にばい》の時間《じかん》働《はたら》きました
今《いま》、私《わたし》は四十五歳《よんじゅうごさい》ですが、普通《ふつう》の人《ひと》の九十歳分《きゅうじっさいぶん》の仕事《しごと》をしてきたといえます
人《ひと》の二倍成功《にばいせいこう》して当然《とうぜん》だと思《おも》いますよ
人《ひと》の二倍《にばい》、努力《どりょく》したら、人《ひと》の二倍《にばい》、成功《せいこう》する
実《じつ》にシンプルな法則《ほうそく》です
これは実際《じっさい》にやってきた自信《じしん》から出《で》る断言《だんげん》なのです
さらに、エジソンは続《つづ》けます

これまで、多《おお》くの研究者《けんきゅうしゃ》を見《み》てきましたが、壁《かべ》にぶち当《あ》たると、簡単《かんたん》にあきらめてしまう人《ひと》ばかりでした
しかし、私《わたし》は決《けっ》してあきらめることはなかったのです
失敗《しっぱい》を、九十九回《きゅうじゅうきゅうかい》繰《く》り返《かえ》したあとで、ようやく成功《せいこう》するのが普通《ふつう》でしたから……
芽《め》が出《で》るまで、ひたすらタネをまく。この努力《どりょく》を、継続《けいぞく》できるか、どうかで、結果《けっか》は大《おお》きく変《か》わるのです
そのよい例《れい》が、白熱電球《はくねつでんきゅう》の発明《はつめい》でした

今《いま》から百三十年《ひゃくさんじゅうねん》も前《まえ》のことです
家庭《かてい》の照明器具《しょうめいきぐ》といえば、ロウソクかランプしかありませんでした
ガス灯《とう》も、一部《いちぶ》で使《つか》われていましたが……
ガス灯《とう》は値段《ねだん》が高《たか》い。しかも、爆発《ばくはつ》する危険性《きけんせい》があるからな
何《なん》とか、電気《でんき》を使《つか》って、安全《あんぜん》で、経済的《けいざいてき》な電球《でんきゅう》を作《つく》りたい
エジソンだけでなく、世界各地《せかいかくち》の研究者《けんきゅうしゃ》が、白熱電球《はくねつでんきゅう》の実用化《じつようか》を目指《めざ》していました
一番《いちばん》の難関《なんかん》は、フィラメントの耐久性《たいきゅうせい》にありました

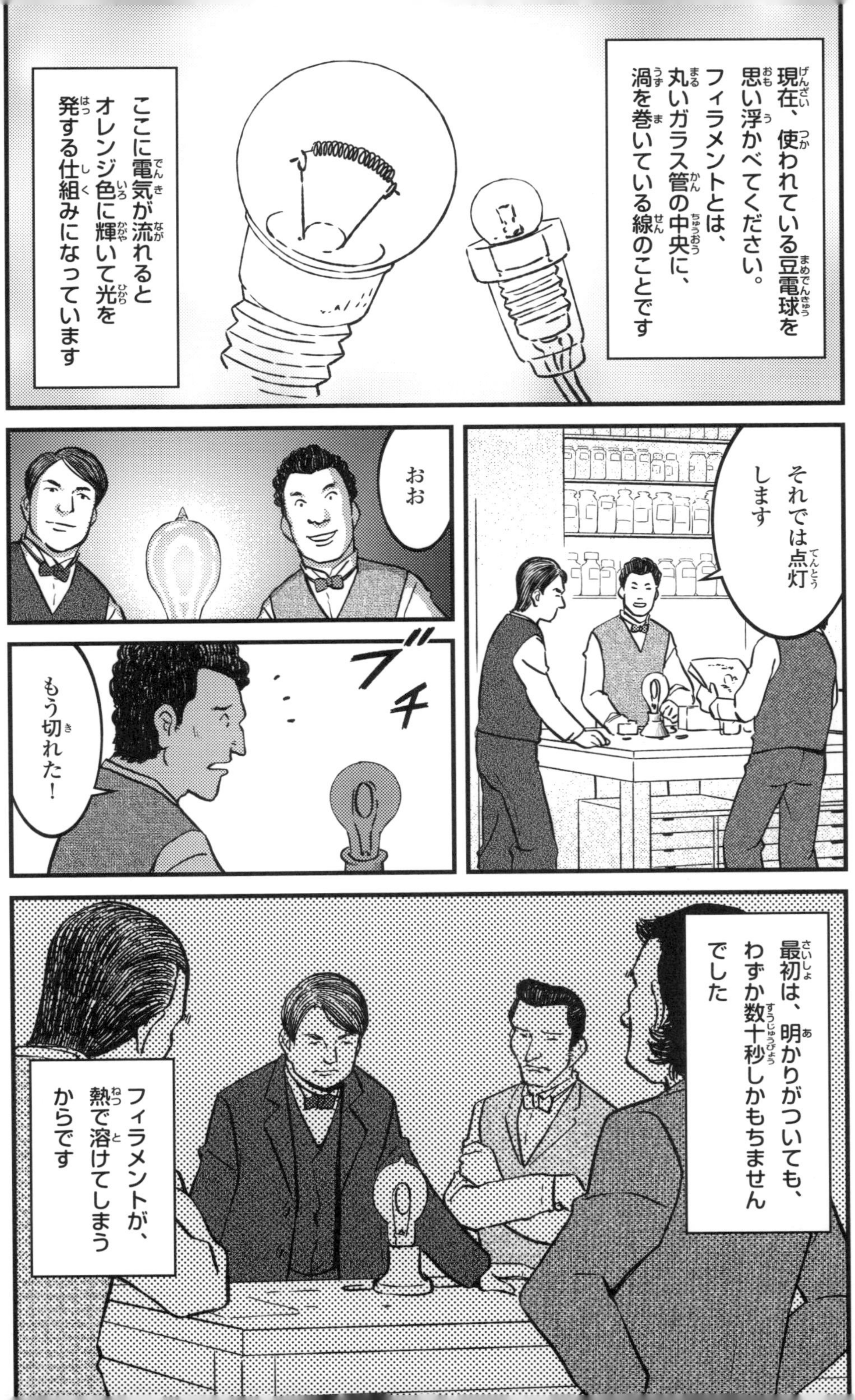
現在《げんざい》、使《つか》われている豆電球《まめでんきゅう》を
思《おも》い浮《う》かべてください。
フィラメントとは、
丸《まる》いガラス管《かん》の中央《ちゅうおう》に、
渦《うず》を巻《ま》いている線《せん》のことです
ここに電気《でんき》が流《なが》れると
オレンジ色《いろ》に輝《かがや》いて光《ひかり》を
発《はっ》する仕組《しく》みになっています
それでは点灯《てんとう》します
おお
ブチ
もう切《き》れた！
最初《さいしょ》は、明《あ》かりがついても、わずか数十秒《すうじゅうびょう》しかもちませんでした
フィラメントが、熱《ねつ》で溶《と》けてしまうからです

こんな花火《はなび》のような電球《でんきゅう》では、全《まった》く役《やく》に立《た》たない
どんな材料《ざいりょう》でフィラメントを作《つく》ればいいいんだ……
一《ひと》つ一《ひと》つ実験《じっけん》して確《たし》かめるしかない
エジソンは、最初《さいしょ》は金属《きんぞく》で作《つく》ってみましたが、うまくいきません
ううむ、白金《はっきん》ではどうもダメだな……
そこで、炭素繊維《たんそせんい》に切《き》り替《か》えました
象《ぞう》の皮《かわ》、鯨《くじら》のひげ……
亀《かめ》の甲羅《こうら》、馬《うま》の毛《け》、人《ひと》の髪《かみ》の毛《け》
トウモロコシ、葦《あし》、紙《かみ》

麻《あさ》、綿糸《めんし》……
あらゆる材料《ざいりょう》でフィラメントを作《つく》り、実験《じっけん》を続《つづ》けていきました
これもダメだ！
またこれもダメだった……
これもうまくいかない……
これもダメだ！
千回《せんかい》、二千回《にせんかい》、三千回《さんぜんかい》と、失敗《しっぱい》が続《つづ》きました
もう、嫌《いや》だ!!
ガタン
失敗《しっぱい》の数《かず》が一万回《いちまんかい》を超《こ》えた時《とき》、若《わか》い助手《じょしゅ》が、エジソンに言《い》いました
これだけ失敗《しっぱい》しても、まだ続《つづ》けるのですか？

豆知識　エジソンはフィラメントに、竹《たけ》の繊維《せんい》が適《てき》していることを発見《はっけん》します。世界中《せかいじゅう》の竹《たけ》を集《あつ》めて実験《じっけん》を重《かさ》ねた結果《けっか》、日本《にほん》の京都《きょうと》の竹《たけ》がいちばん長《なが》く点灯《てんとう》したのです。

百《ひゃく》時《じ》間《かん》経《けい》過《か》！
やったぞ!!
ついに電球《でんきゅう》を、実用化《じつようか》する道《みち》を開《ひら》いたのです
人々《ひとびと》は、エジソンを「天才《てんさい》」と呼《よ》びました
しかし、彼《かれ》は「天才《てんさい》」といわれることを好《この》みませんでした。苦労《くろう》もせずに、何《なん》でもひらめいたり、できたりする人《ひと》、と思《おも》われそうだからです
そんな時《とき》、エジソンは、こう言《い》っています
「天才《てんさい》とは、九九《きゅうじゅうきゅう》パーセントの努力《どりょく》と、一《いち》パーセントのひらめきである」

豆知識 現在《げんざい》使《つか》われている電球《でんきゅう》のフィラメントには、タングステンという金属《きんぞく》が使《つか》われています。

私《わたし》を天才《てんさい》と言《い》うならば、
「努力《どりょく》を惜《お》しまないことに
かけては、天才的《てんさいてき》」
と言《い》ってほしいですね
人知《ひとし》れぬ努力《どりょく》の結晶《けっしょう》が、
彼《かれ》の生《う》み出《だ》した
発明《はつめい》だったのです

大《たい》切《せつ》な心《こころ》

あきらめずに、努力《どりょく》を続《つづ》ければ必《かなら》ず成功《せいこう》する

エジソンは、世界《せかい》の発明王《はつめいおう》として、とても有名《ゆうめい》です。私《わたし》たちの生活《せいかつ》が便利《べんり》になるように、いろんな物《もの》を発明《はつめい》してくれました。「すごい人《ひと》だな」「天才《てんさい》だな」と、誰《だれ》もが思《おも》います。

しかし、エジソンは、

「自分《じぶん》は学校《がっこう》の勉強《べんきょう》が苦手《にがて》で、一年生《いちねんせい》で退学《たいがく》したのだから、天才《てんさい》ではありません」

と言《い》っています。

では、なぜ、あなたは成功《せいこう》したのですか、と聞《き》くと、

「人《ひと》の二倍《にばい》、努力《どりょく》したからですよ」

と答《こた》えています。また、

「九十九回失敗《きゅうじゅうきゅうかいしっぱい》しても、あきらめずに努力《どりょく》していくと、ようやく百回《ひゃっかい》めで成功《せいこう》することが多《おお》いのですよ」

と言《い》っています。

つまり、学校《がっこう》の勉強《べんきょう》がよくできるとか、できないとかは、問題《もんだい》ではないのです。

どれだけ失敗《しっぱい》しても、あきらめずに、努力《どりょく》を続《つづ》けていく気持《きも》ちが大切《たいせつ》なのです。

エジソンのように、へこたれずに、がんばることができれば、誰《だれ》でも、成功《せいこう》することができると思《おも》いますよ。

ものしりアルバム

トーマス・エジソン

（アマナイメージズ）

エジソンは、自分《じぶん》が発明《はつめい》した電球《でんきゅう》を、一般《いっぱん》の家庭《かてい》に広《ひろ》めるため、莫大《ばくだい》な資金《しきん》と労力《ろうりょく》をかけて発電所《はつでんしょ》の建設《けんせつ》にも着手《ちゃくしゅ》しました。

実験中《じっけんちゅう》のエジソン

エジソンは、アメリカ・メンロパークに研究所《けんきゅうじょ》を建《た》てて、便利《べんり》な物《もの》を次々《つぎつぎ》に発明《はつめい》したことから「メンロパークの魔術師《まじゅつし》」と呼《よ》ばれていました。

（アマナイメージズ）

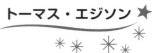

第《だい》2話《わ》

昨日《きのう》よりも今日《きょう》、一歩《いっぽ》でも向上《こうじょう》する

武田信玄《たけだしんげん》、学問《がくもん》のすすめ

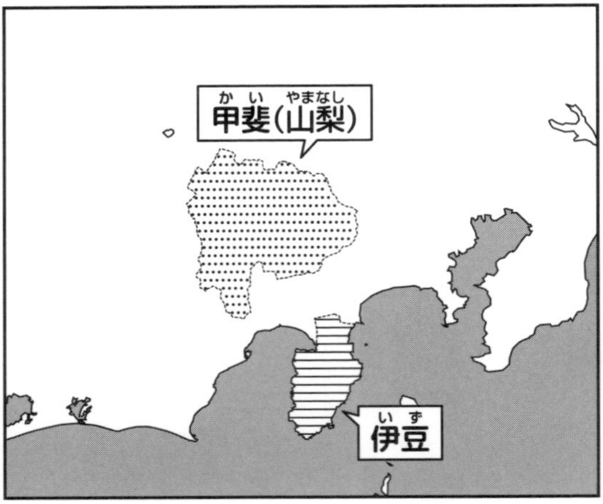

武田信玄《たけだしんげん》
（1521年生-1573年没）

人物紹介《じんぶつしょうかい》

武田 信玄（たけだ しんげん）

武田《たけだ》信玄《しんげん》は甲斐国《かいのくに》（現在《げんざい》の山梨県《やまなしけん》）の戦国武将《せんごくぶしょう》です。生涯《しょうがい》に七十二回《ななじゅうにかい》も戦争《せんそう》をしました。そのうち負《ま》けたのは、わずか三回《さんかい》。まさに戦国最強《せんごくさいきょう》の軍団《ぐんだん》でした。

信玄《しんげん》は、戦《たたか》う時《とき》の心構《こころがま》えを、大《おお》きな旗《はた》に、

「疾如風　徐如林　侵掠如火　不動如山」

と書《か》いて戦場《せんじょう》に立《た》てていました。分《わ》かりやすくいうと、こういう意味《いみ》になります。

風《かぜ》のように速《はや》く（疾《はや》きこと風《かぜ》のごとく）
林《はやし》のように静《しず》かに（徐《しず》かなること林《はやし》のごとく）
火《ひ》のように激《はげ》しく（侵掠《しんりゃく》すること火《ひ》のごとく）
山《やま》のように動《うご》かず（動《うご》かざること山《やま》のごとし）

相手《あいて》の出方《でかた》によって、自《みず》らは風《かぜ》になり、林《はやし》になり、火《ひ》になり、山《やま》になって戦《たたか》っていくのです。これは、信玄《しんげん》が中国《ちゅうごく》の兵法書《へいほうしょ》『孫子《そんし》』から学《まな》んだ極意《ごくい》だったのです。

バタ
バタ
疾如風徐如林侵掠如火不動如山
ドドドド
戦国時代《せんごくじだい》に、最強《さいきょう》の軍団《ぐんだん》を
作《つく》り上《あ》げたのが
武田信玄《たけだしんげん》でした

信玄《しんげん》は生涯《しょうがい》、大《おお》きな城《しろ》を築《きず》きませんでした
信玄《しんげん》の住《す》まいは、周《まわ》りに、浅《あさ》い堀《ほり》を巡《めぐ》らせただけの簡単《かんたん》な造《つく》りでした
ある時《とき》、老臣《ろうしん》が尋《たず》ねました
殿《との》
殿《との》は、もはや甲斐一国《かいいっこく》*のみでなく、信濃《しなの》*、駿河《するが》*までを支配《しはい》なさっています
それなのに、このお住《す》まいは、あまりにも小《ちい》さく、粗末《そまつ》です

*甲斐国《かいのくに》……現在《げんざい》の山梨県《やまなしけん》。
*信濃《しなの》……現在《げんざい》の長野県《ながのけん》。
*駿河《するが》……現在《げんざい》の静岡県東部《しずおかけんとうぶ》（伊豆《いず》を除《のぞ》く）。

城《しろ》を築《きず》かれてはいかがでしょうか
ははははは
よく考《かんが》えてみよ
城《しろ》にこもって勝《か》った者《もの》が、どこかにいたか
パチ
どんなに大《おお》きな城《しろ》を造《つく》っても、その中《なか》にいる人間《にんげん》が弱《よわ》ければ必《かなら》ず敗《やぶ》れる
大将《たいしょう》は、まず、味方《みかた》の兵《へい》を信頼《しんらい》しなければならない。そして、常《つね》に敵《てき》を破《やぶ》る方法《ほうほう》を考《かんが》えているべきなのだ
これは城《しろ》を築《きず》くよりも大仕事《おおしごと》なのだ

国民《こくみん》の心《こころ》をつかみ、
指揮官《しきかん》から一兵卒《いっぺいそつ》までの
鉄《てつ》の団結《だんけつ》を築《きず》いてこそ、
最大《さいだい》の防御《ぼうぎょ》になる
人《ひと》は城《しろ》
人《ひと》は石垣《いしがき》
人《ひと》は堀《ほり》
情《なさけ》は味方《みかた》
仇《あだ》は大敵《たいてき》
王手《おうて》
パチ
うっ
信玄《しんげん》は、常《つね》に
学問《がくもん》に励《はげ》み、向上《こうじょう》しよう
としていました

人《ひと》を一本《いっぽん》の木《き》に例《たと》えるとしよう
木《き》の幹《みき》から伸《の》びている枝葉《えだは》が、学問《がくもん》に当《あ》たる
枝葉《えだは》がよく茂《しげ》ったりっぱな木《き》になるためには、大《おお》いに勉強《べんきょう》をしなければならない
信玄《しんげん》は、学問《がくもん》の必要性《ひつようせい》を、このように教《おし》えています

ある時《とき》……
お呼《よ》びですか、殿《との》

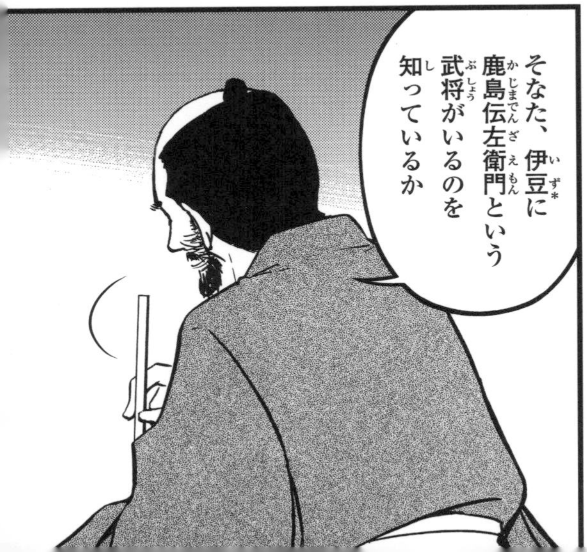
そなた、伊豆《いず》＊に鹿島伝左衛門《かじまでんざえもん》という武将《ぶしょう》がいるのを知《し》っているか

＊伊豆《いず》……現在《げんざい》の静岡県《しずおかけん》伊豆半島《いずはんとう》。

はい。
勇《いさ》ましい武将《ぶしょう》として有名《ゆうめい》です
しかし、もうかなり高齢《こうれい》になったのでは……
さよう
コト
すでに隠居《いんきょ》し、仏門《ぶつもん》に入《はい》って世間《せけん》との交《まじ》わりを絶《た》っているという
その伝左衛門《でんざえもん》をぜひ武田家《たけだけ》に招《まね》きたい
そなたに迎《むか》えに行《い》ってもらいたい
えっ⁉
ははっ

しかし、伝左衛門《でんざえもん》は——
こんな年寄《としよ》りは、戦場《せんじょう》に出《で》ても、もはや槍《やり》を振《ふ》るう力《ちから》もありません
お役《やく》に立《た》つどころか、邪魔《じゃま》になるだけです
お断《ことわ》りいたします
ははは、そう申《もう》したか
戦《いくさ》に出《で》ろとは言《い》わぬ。話《はなし》を聴《き》かせてもらいたいのじゃ

年《とし》の数《かず》だけ苦労《くろう》も多《おお》かっただろう
命《いのち》を懸《か》けた戦《たたか》いでつかみとったものを、学《まな》ばせてもらいたいのじゃ
信玄《しんげん》は、再《ふたた》び使《つか》いを出《だ》して、鹿島伝左衛門《かじまでんざえもん》を招《まね》きました
信玄《しんげん》は、毎晩《まいばん》のように伝左衛門《でんざえもん》から、戦場《せんじょう》での失敗談《しっぱいだん》、成功談《せいこうだん》などを聞《き》いて、勉強《べんきょう》したのです

書物《しょもつ》を読《よ》むことだけが学問《がくもん》ではない。それぞれの道《みち》を究《きわ》めることを学問《がくもん》という
自分《じぶん》より優《すぐ》れている人《ひと》に近《ちか》づき、話《はなし》を聞《き》くのもよい。一日《いちにち》に、最低一《さいていひと》つは学《まな》ぶように心《こころ》がけなさい。
そうすれば、一《いっ》カ月《げつ》で三十《さんじゅう》も学《まな》んだことになる。一年《いちねん》たてば三百六十五《さんびゃくろくじゅうご》も身《み》についたことになる
そうすれば、昨年《さくねん》の自分《じぶん》よりも、今年《ことし》の自分《じぶん》のほうが、はるかに向上《こうじょう》しているはずだ。
頭《あたま》を下《さ》げて、人《ひと》のよいところを学《まな》び取《と》るのは、少《すこ》しも恥《は》ずかしいことではない
疾如風徐如林侵
掠如火不動如山
信玄《しんげん》は、武田家《たけだけ》の若者《わかもの》に、このように言《い》って、勉強《べんきょう》を勧《すす》めています

一人《ひとり》の人間《にんげん》として、生涯《しょうがい》にどれだけりっぱな枝《えだ》を伸《の》ばし、多《おお》くの青葉《あおば》を茂《しげ》らすことができるか――
それは、毎日《まいにち》、どれくらいコツコツと努力《どりょく》をしていくかで大《おお》きく変《か》わります。悔《く》いのない人生《じんせい》になるか、どうかは、自分《じぶん》の努力《どりょく》次第《しだい》なのです

大《たい》切《せつ》な心《こころ》

昨日《きのう》よりは今日《きょう》、今日《きょう》よりは明日《あす》、少《すこ》しでも向上《こうじょう》しよう

武田信玄《たけだしんげん》は、「一日《いちにち》に、最低一《さいていひと》つは、何《なに》かを学《まな》びましょう」と言《い》っています。

「学《まな》ぶ」といっても、テストの勉強《べんきょう》ばかりではありません。好《す》きな本《ほん》やマンガを読《よ》む、先生《せんせい》から話《はなし》を聞《き》く、スポーツの練習《れんしゅう》をする、おじいさん、おばあさんから昔《むかし》のことを教《おし》えてもらう……など、いろいろあります。

たくさんのことを、一度《いちど》に身《み》につけなくてもいいのです。今日《きょう》、何《なに》か一《ひと》つだけでも身《み》につければ、昨日《きのう》より一《ひと》つ進歩《しんぽ》したことになります。

十日間続《とおかかんつづ》けると十《じゅう》、三十日間続《さんじゅうにちかんつづ》けると三十《さんじゅう》、一年続《いちねんつづ》けると三百六十五《さんびゃくろくじゅうご》も進歩向上《しんぽこうじょう》することができます。

昨日《きのう》よりは今日《きょう》、今日《きょう》よりは明日《あす》、少《すこ》しでも向上《こうじょう》しようという気持《きも》ちがあれば、将来《しょうらい》、必《かなら》ずりっぱな大人《おとな》になれますよ。

武田信玄《たけだしんげん》も、若《わか》い頃《ころ》から、このような気持《きも》ちで学《まな》んできたからこそ「戦国最強《せんごくさいきょう》」といわれる武将《ぶしょう》になれたのです。

ものしりアルバム

武田信玄《たけだしんげん》

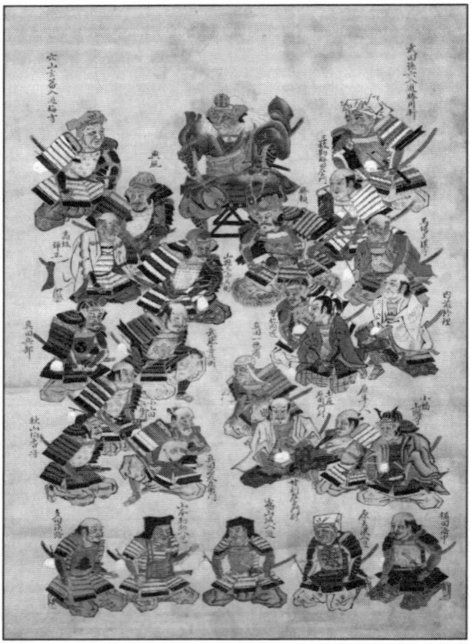

武田《たけだ》二十六将図《にじゅうろくしょうず》

武田信玄《たけだしんげん》は会議《かいぎ》を多《おお》く行《おこな》い、家臣《かしん》たちの意見《いけん》をよく聴《き》いたと伝《つた》えられています。独断《どくだん》で物事《ものごと》を進《すす》めず、団結《だんけつ》を大切《たいせつ》にしたのです。そのため信玄《しんげん》の元《もと》には有能《ゆうのう》な家臣《かしん》がたくさん育《そだ》ちました。

（長野市立博物館蔵）

（アマナイメージズ）

写真中央《しゃしんちゅうおう》の樹木《じゅもく》が生《お》い茂《しげ》っている所《ところ》が、武田信玄《たけだしんげん》の館跡《やかたあと》です。戦国時代《せんごくじだい》の武将《ぶしょう》たちは、山《やま》の上《うえ》などに堅固《けんご》な城《しろ》を築《きず》きました。しかし、信玄《しんげん》は「家臣《かしん》の団結《だんけつ》が城《しろ》である」と考《かんが》え、平地《へいち》に館《やかた》を建《た》てたのです。

第《だい》3話《わ》

必《かなら》ず失敗《しっぱい》するのは、どんな時《とき》？

木《き》登《のぼ》りの名人《めいじん》がつかんだ極意《ごくい》『徒然草《つれづれぐさ》』に学《まな》ぶ

兼好法師《けんこうほうし》

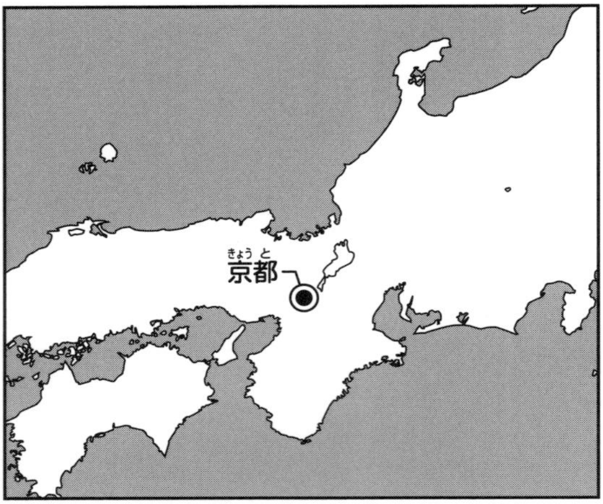

人物紹介《じんぶつしょうかい》

兼好法師（けんこうほうし）

『徒然草《つれづれぐさ》』は、日本《にほん》の古典《こてん》の中《なか》で、とても人気《にんき》の高《たか》い書物《しょもつ》です。著者《ちょしゃ》は、鎌倉時代《かまくらじだい》の終《お》わり頃《ごろ》の歌人《かじん》・随筆家《ずいひつか》である兼好《けんこう》です。出家《しゅっけ》したので兼好法師《けんこうほうし》とも呼《よ》ばれています。『徒然草《つれづれぐさ》』は、

「つれづれなるままに、日《ひ》ぐらし硯《すずり》に向《む》かいて……」

という有名《ゆうめい》な文章《ぶんしょう》で始《はじ》まります。

「やることもないので、思《おも》いつくまま、気楽《きらく》に書《か》きとめていきましょう……」という意味《いみ》です。兼好法師《けんこうほうし》が、見《み》たり、聞《き》いたりしたことを、軽《かる》いタッチでつづっていきました。笑《わら》えるような短《みじか》いエッセーの中《なか》にも、キラリと、深《ふか》い教訓《きょうくん》が込《こ》められています。

著者《ちょしゃ》が亡《な》くなって三百年《さんびゃくねん》たった江戸時代《えどじだい》に出版《しゅっぱん》されて、ベストセラーになっています。現代《げんだい》でも、堅苦《かたくる》しくない「人生《じんせい》の教科書《きょうかしょ》」として多《おお》くの人《ひと》に読《よ》まれています。

鎌倉時代《かまくらじだい》のエッセー集《しゅう》『徒然草《つれづれぐさ》』に
「高名《こうみょう》の木《き》のぼり」という話《はなし》があります（一〇九段《だん》）
「木登《きのぼ》りの名人《めいじん》」が、ある日《ひ》、高《たか》い木《き》に一人《ひとり》の男《おとこ》を登《のぼ》らせて、剪定《せんてい》*作業《さぎょう》の指示《しじ》をしていました
今《いま》から下《お》ります

＊剪定《せんてい》……樹木《じゅもく》の生育《せいいく》や形《かたち》を整《ととの》えるため、枝《えだ》の一部《いちぶ》を切《き》り取《と》ること。

危《あぶ》ないぞ。気《き》をつけろ！
？
高《たか》い所《ところ》で枝《えだ》を切《き》っている時《とき》には、何《なに》も注意《ちゅうい》しなかったのに……
なぜ、今頃《いまごろ》になって……
兼好法師《けんこうほうし》
兼好《けんこう》は名人《めいじん》に尋《たず》ねました
ここまで下《お》りれば、もう安心《あんしん》でしょう
「危《あぶ》ないぞ」とは、どういうことですか

ここが大切《たいせつ》なので ございます
目《め》が回《まわ》るほど高《たか》い所《ところ》で、今《いま》にも折《お》れそうな枝《えだ》につかまって作業《さぎょう》している時《とき》は、本人《ほんにん》がじゅうぶん注意《ちゅうい》していますから、あえて言《い》う必要《ひつよう》がありません
過《あやま》ちというものは、やさしい所《ところ》に来《き》て、「もうだいじょうぶ」と、心《こころ》に油断《ゆだん》ができた時《とき》に、起《お》きるものなのです
なるほど
「もうすぐ終《お》わり」「あと一歩《いっぽ》」と、緊張感《きんちょうかん》が緩《ゆる》んだ時《とき》に、思《おも》いがけない失敗《しっぱい》をするのです
これは、どんなことにも通《つう》じる大切《たいせつ》な戒《いまし》めです

『徒然草《つれづれぐさ》』の、一八八段《だん》には
このようなエピソードが
書《か》かれています
ある人《ひと》が、自分《じぶん》の子供《こども》に言《い》いました
おまえは、仏教《ぶっきょう》の学問《がくもん》をして、説教師《せっきょうし》*になりなさい
素直《すなお》に従《したが》った彼《かれ》は、まず、馬《うま》の乗《の》り方《かた》を習《なら》い始《はじ》めました
ブルル
法事《ほうじ》の時《とき》には、馬《うま》で迎《むか》えに来《こ》られるだろう
馬《うま》に乗《の》れなかったら恥《は》ずかしいからな
落馬《らくば》したら大変《たいへん》だ
さらに、歌《うた》の稽古《けいこ》にも励《はげ》みました

*説教師《せっきょうし》……仏《ほとけ》の教《おし》えを説《と》く人《ひと》。

法事《ほうじ》のあとで、酒《さけ》が出《で》るだろう
何《なに》も芸《げい》ができなかったら、招待《しょうたい》してくれた人《ひと》が興《きょう》ざめするに違《ちが》いない
彼《かれ》なりによく考《かんが》えて、やったことでした
乗馬《じょうば》と歌《うた》は、次第《しだい》にうまくなっていきました
ドカ
ドカ
上達《じょうたつ》すればするほど、おもしろいなあ！
しかし、本来《ほんらい》の目的《もくてき》であった、仏教《ぶっきょう》を学《まな》ぶ時間《じかん》がなくなったのです。年《とし》を取《と》ってから、とても後悔《こうかい》したといいます

兼好法師《けんこうほうし》は、このように解説《かいせつ》しています
愚《おろ》かなのは、この男《おとこ》だけではありません
大《おお》きな目標《もくひょう》を立《た》てても、「まだまだ生《い》きていられる」とのんびり構《かま》え、目《め》の前《まえ》のことに心《こころ》を奪《うば》われている人《ひと》ばかりです
そんなことでは、何一《なにひと》つ成《な》し遂《と》げられないでしょう
後《あと》で気《き》がついて、どんなに悔《く》やんでも、過《す》ぎ去《さ》った年月《ねんげつ》は返《かえ》ってこないのです
しかも肉体《にくたい》は、勢《いきお》いよく坂《さか》を下《くだ》る車輪《しゃりん》のように、急速《きゅうそく》に衰《おとろ》えていきます
では、どんな心《こころ》がけが必要《ひつよう》なのでしょう?

『徒然草《つれづれぐさ》』には、こう書《か》かれています
まず、一生涯《いっしょうがい》に果《は》たすべきことの中《なか》で、いちばん大切《たいせつ》なものは何《なに》か、よく考《かんが》え、ハッキリさせることです
それ以外《いがい》のことは思《おも》い切《き》って断念《だんねん》したほうがいいでしょう
最優先《さいゆうせん》すべき目的《もくてき》に向《む》かって、まず時間《じかん》を使《つか》うべきです
今日《きょう》、やるべきことに、一番《いちばん》、二番《にばん》、三番《さんばん》……と、優先順位《ゆうせんじゅんい》をつけてみましょう
どんなにやりたいことがあっても
まず、重要《じゅうよう》なことをやり終《お》えるまで、我慢《がまん》しないと、後悔《こうかい》することになりますよ

毎日《まいにち》が、忙《いそが》しく過《す》ぎていきます。やるべきことが、山《やま》のようにあります
そんな時《とき》、この『徒然草《つれづれぐさ》』のメッセージを思《おも》い出《だ》してみましょう

七百年前《ななひゃくねんまえ》に書《か》かれた教訓《きょうくん》ですが、いつの時代《じだい》になっても大切《たいせつ》なことなのです

大《たい》切《せつ》な心《こころ》

「もう安心《あんしん》」と、ほっとした時《とき》が、危険《きけん》

高《たか》い木《き》に登《のぼ》るのは、とても危険《きけん》です。

木《き》のてっぺんにいる人《ひと》を見《み》たら、誰《だれ》でも「その枝《えだ》は細《ほそ》いから、危《あぶ》ないよ！」「気《き》をつけないと落《お》ちるよ」と言《い》うでしょう。

しかし、木登《きのぼ》りの名人《めいじん》は、黙《だま》って見《み》ていました。そして、木《き》に登《のぼ》っていた人《ひと》が、無事《ぶじ》に低《ひく》い所《ところ》まで下《お》りてきて、間《ま》もなく地面《じめん》に足《あし》が着《つ》く頃《ころ》になって初《はじ》めて、「危《あぶ》ないぞ、気《き》をつけろ！」と注意《ちゅうい》したのです。

側《そば》で見《み》ていた兼好法師《けんこうほうし》が、疑問《ぎもん》に思《おも》ったのは当然《とうぜん》だと思《おも》います。しかし、名人《めいじん》から、「失敗《しっぱい》というものは、難《むずか》しい所《ところ》よりも、やさしい所《ところ》に来《き》た時《とき》に起《お》きるものです」という逆説的《ぎゃくせつてき》な言葉《ことば》を聞《き》いて、「これは深《ふか》い！」と感動《かんどう》したのです。

木《き》の低《ひく》い所《ところ》まで無事《ぶじ》に下《お》りてきたのに、そこで手《て》や足《あし》を滑《すべ》らせて落下《らっか》し、ケガをする人《ひと》が多《おお》かったのでしょう。だから名人《めいじん》は、「もうだいじょうぶ」と、気持《きも》ちが緩《ゆる》んだ時《とき》が、いちばん危険《きけん》な時《とき》だと知《し》っていたのです。

たとえば、学校《がっこう》からの帰《かえ》り道《みち》も同《おな》じですよ。「家《いえ》が近《ちか》くなったから、もう安心《あんしん》」という心《こころ》が出《で》てくると、交通事故《こうつうじこ》に遭《あ》うことがありますから、気《き》をつけてくださいね。

ものしりアルバム

兼好法師《けんこうほうし》

（神奈川県立金沢文庫蔵）

兼好法師《けんこうほうし》は、鎌倉時代《かまくらじだい》から南北朝時《なんぼくちょうじ》代《だい》にかけての歌人《かじん》、随筆家《ずいひつか》として有《ゆう》名《めい》です。『徒然草《つれづれぐさ》』には、「全《すべ》てのものは続《つづ》かない」という仏教《ぶっきょう》の無常観《むじょうかん》から、世《よ》の中《なか》を見《み》つめたエッセーが多《おお》く収《おさ》められています。

大阪市阿倍野区《おおさかしあべのく》にある兼好法師《けんこうほうし》の石碑《せきひ》。兼好法師《けんこうほうし》は、30歳前後《さいぜんご》で出家《しゅっけ》し、京都《きょうと》、大阪《おおさか》、鎌倉《かまくら》（神奈川県《かながわけん》）などを、自由《じゆう》に移《うつ》り住《す》んだと伝《つた》えられています。

第《だい》4話《わ》

金《かね》もうけのために研究《けんきゅう》しているのではない

世界中《せかいじゅう》の人《ひと》を救《すく》った偉大《いだい》な化学者《かがくしゃ》パスツール

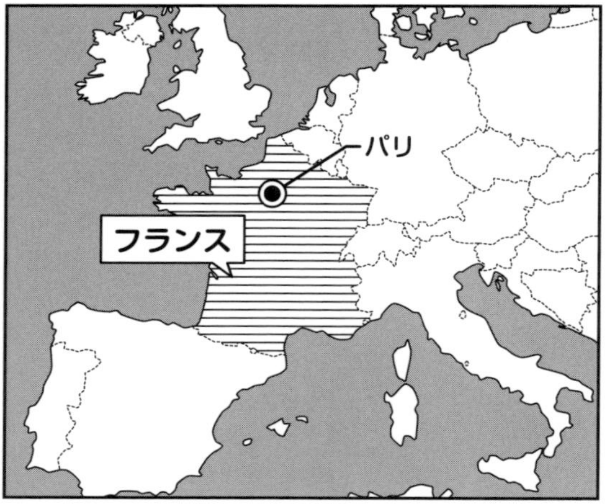

ルイ・パスツール

(1822年生-1895年没)

人物紹介《じんぶつしょうかい》 ルイ・パスツール

パスツールは、フランスの大化学者《だいかがくしゃ》です。今《いま》から百数《ひゃくすう》十年前《じゅうねんまえ》の人《ひと》ですが、彼《かれ》が発見《はっけん》したことによって、私《わたし》たちが恩恵《おんけい》を受《う》けていることがたくさんあります。

パスツールは、ワインなどの液体《えきたい》が腐《くさ》らないようにするために「低温殺菌法《ていおんさっきんほう》」を開発《かいはつ》しました。現在《げんざい》、牛乳《ぎゅうにゅう》の殺菌《さっきん》に広《ひろ》く利用《りよう》されています。安心《あんしん》して牛乳《ぎゅうにゅう》が飲《の》めるのも、パスツールの研究《けんきゅう》のおかげですね。

また、予防接種《よぼうせっしゅ》は、「痛《いた》いからイヤだ」という人《ひと》が多《おお》いと思《おも》いますが、ワクチンを注射《ちゅうしゃ》することによって、伝《でん》染病《せんびょう》にかからなくなるのです。この方法《ほうほう》を世《よ》の中《なか》に広《ひろ》めたのもパスツールです。

狂犬病《きょうけんびょう》、ニワトリコレラ、炭疽病《たんそびょう》などの恐《おそ》ろしい伝染《でんせん》病《びょう》のワクチン開発《かいはつ》に成功《せいこう》し、世界《せかい》で、どれだけの人《ひと》の命《いのち》を救《すく》ったかしれません。パスツールの偉大《いだい》な功績《こうせき》です。

ルイ・パスツールは、伝染病《でんせんびょう》の研究《けんきゅう》に生涯《しょうがい》をささげ、世界中《せかいじゅう》の人々《ひとびと》を救《すく》った化学者《かがくしゃ》です
では、彼《かれ》は、子供《こども》の時《とき》から優《すぐ》れていたのでしょうか

ルイの父《ちち》は、東《ひがし》フランスの、小《ちい》さな町《まち》の職人《しょくにん》でした
夫婦二人《ふうふふたり》で働《はたら》くささやかな店《みせ》だったので、家計《かけい》も厳《きび》しかったのです

私《わたし》たちは満足《まんぞく》に学校《がっこう》へ行《い》けなかった
だから、ルイにだけは、ちゃんとした教育《きょういく》を受《う》けさせてやりたい
ええ、そうね
いいかい、この家《いえ》の仕事《しごと》を継《つ》ぐ必要《ひつよう》はない
自分《じぶん》の好《す》きな道《みち》へ進《すす》みなさい
そう言《い》って、息子《むすこ》を励《はげ》ましていました
ルイ・パスツールは、成績《せいせき》のいいほうではなく、目立《めだ》たない子供《こども》でした
何《なに》をするのも遅《おそ》くて、周囲《しゅうい》をあきれさせるほどでした

おまえ、のろまだなぁ
まだ答《こた》えが分《わ》からないのか？
ねえ、これはどういうこと？
これが分《わ》からないと、次《つぎ》に進《すす》めないよ
また質問《しつもん》だ
しつこいなあ
しかし、校長先生《こうちょうせんせい》は、そんな彼《かれ》の素質《そしつ》を見抜《みぬ》いていました
勉強《べんきょう》には時間《じかん》はかかるが、物事《ものごと》を深《ふか》く考《かんが》える性格《せいかく》だ。
天才《てんさい》ではないが、学者《がくしゃ》に向《む》いている

パリの有名《ゆうめい》な学校《がっこう》に進学《しんがく》させてはどうでしょう
校長《こうちょう》が両親《りょうしん》に勧《すす》めたのです
パリ……
息子《むすこ》を褒《ほ》めてもらったのはうれしいが……
お金《かね》がかかりすぎる……
とてもわが家《や》の収入《しゅうにゅう》では……
父《ちち》と母《はは》は悩《なや》んだ末《すえ》に——
やはり子供《こども》の将来《しょうらい》には代《か》えられない
進学《しんがく》させる決意《けつい》をしたのです

受験《じゅけん》に備《そな》え、ルイが、パリの予備校《よびこう》へ入《はい》ったのは十五歳《じゅうごさい》の時《とき》でした
最初《さいしょ》は、希望《きぼう》にあふれていましたが、次第《しだい》に、授業《じゅぎょう》が頭《あたま》に入《はい》らなくなってしまいました
食事《しょくじ》ものどを通《とお》らない
夜《よる》も眠《ねむ》れない
お父《とう》さん、お母《かあ》さん……
すぴ～
両親《りょうしん》や家《いえ》のことばかり思《おも》い出《だ》して涙《なみだ》ぐむ……ホームシックにかかったのです

ルイ・パスツールは、心配《しんぱい》をかけないようにしようと思《おも》って、両親《りょうしん》への手紙《てがみ》には「元気《げんき》でやっています」と書《か》いていました。しかし、親《おや》は、子供《こども》の変化《へんか》には敏感《びんかん》です
どうもおかしい
このままでは、本当《ほんとう》に病気《びょうき》になるかもしれない
ある日《ひ》の朝《あさ》
誰《だれ》かが会《あ》いに来《き》ているよ
?
お父《とう》さん!どうして⁉

おまえを迎《むか》えに来《き》たのさ
父《ちち》は、こう言《い》っただけでした
子供《こども》を責《せ》めませんでした
パリへ送《おく》り出《だ》すのに、どれだけ苦労《くろう》してお金《かね》の用意《ようい》をしたか分《わ》かりません
それが、わずか一《いっ》カ月《げつ》足《た》らずで家《いえ》へ帰《かえ》ることになったのに……
だいじょうぶだよ
ここで親《おや》が、叱《しか》ったり、愚痴《ぐち》を言《い》ったりしていたら、子供《こども》の心《こころ》は傷《きず》ついていたでしょう

故郷《こきょう》に戻《もど》ったルイは、近《ちか》くの学校《がっこう》で勉強《べんきょう》し直《なお》しました
やがて、もう一度《いちど》パリへ行《い》き、化学者《かがくしゃ》になりたい、と決意《けつい》が固《かた》まってきたのです
父《ちち》も許《ゆる》してくれました
しかし、すぐには学費《がくひ》の用意《ようい》ができません
ルイも、じっくりと時間《じかん》をかけて苦手《にがて》な科目《かもく》の勉強《べんきょう》に取《と》り組《く》んでいきました

四年後《よねんご》に受験《じゅけん》し合格《ごうかく》しましたが……
この成績《せいせき》ではまだ行《い》けない
もう一年《いちねん》、自信《じしん》がつくまでやってみよう
翌年《よくねん》、再《ふたた》び挑戦《ちょうせん》し、見事《みごと》、トップクラスの成績《せいせき》で合格《ごうかく》を果《は》たしたのです
彼《かれ》は二十歳《はたち》になっていました
念願《ねんがん》かなったルイは、勉学《べんがく》と研究《けんきゅう》に熱中《ねっちゅう》していきました

パスツールは熱心《ねっしん》だよなぁ
あいつの父親《ちちおや》から、心配《しんぱい》する手紙《てがみ》が僕《ぼく》のところにも来《き》ている
しょうがないなぁ……
おい、たまには外《そと》に出《で》て遊《あそ》ぼうぜ
それどころではない
なぁ、今日《きょう》こそ行《い》こうぜ
そこまで言《い》うなら……
根負《こんま》けしたルイ・パスツールは公園《こうえん》へ散歩《さんぽ》に出《で》ましたが――
息抜《いきぬ》きではなく、化学《かがく》の議論《ぎろん》に終始《しゅうし》していました

父親《ちちおや》は、手紙《てがみ》で息子《むすこ》を諭《さと》しています
いつも夜遅《よるおそ》くまで勉強《べんきょう》しているようだが、父《とう》さんは、とても心配《しんぱい》している。病気《びょうき》になったらどうするんだ
そんなに焦《あせ》る必要《ひつよう》はない。おまえへの仕送《しおく》りぐらい、まだまだ続《つづ》けられるから安心《あんしん》しておくれ
お父《とう》さん……
ルイは、父《ちち》に返事《へんじ》を書《か》きました
クラスの中《なか》には、先生《せんせい》の話《はなし》を半分《はんぶん》くらいしか聴《き》かなくても理解《りかい》してしまう優秀《ゆうしゅう》な人《ひと》もいます。でも、僕《ぼく》は、人《ひと》の二倍《にばい》、三倍《さんばい》の時間《じかん》をかけて、頭《あたま》の中《なか》で整理《せいり》しないと、完全《かんぜん》には納得《なっとく》できないのです

だから、人《ひと》が寝《ね》ている間《あいだ》に勉強《べんきょう》しないと追《お》いつけません
体調管理《たいちょうかんり》には気《き》をつけますから、安心《あんしん》してください
自分《じぶん》に力《ちから》がないといって、嘆《なげ》いたり、落《お》ち込《こ》んだりする必要《ひつよう》はないのです
「人《ひと》の二倍《にばい》、三倍《さんばい》の時間《じかん》をかけて努力《どりょく》すれば、必《かなら》ず追《お》いつき、追《お》い越《こ》せる」これが、ルイ・パスツールの、生涯《しょうがい》にわたる姿勢《しせい》でした

化学者《かがくしゃ》になったルイは、次々《つぎつぎ》と新《あら》たな発見《はっけん》をしていきました
特《とく》に微生物《びせいぶつ》に関《かん》する研究《けんきゅう》に打《う》ち込《こ》んでいきました

彼《かれ》が発見《はっけん》した、牛乳《ぎゅうにゅう》などを低温《ていおん》で殺菌《さっきん》する方法《ほうほう》は、現在《げんざい》でも応用《おうよう》されています

四十二歳《よんじゅうにさい》からは、カイコの病気《びょうき》の解明《かいめい》に挑《いど》みました。当時《とうじ》、フランスでは、絹織物《きぬおりもの》の製造《せいぞう》が、重要《じゅうよう》な産業《さんぎょう》になっていました

絹《きぬ》は、カイコの繭《まゆ》から作《つく》ります。よい絹糸《きぬいと》を作《つく》るためには、よいカイコを育《そだ》てなければなりません。ところが……
パスツール先生《せんせい》、助《たす》けてください。カイコが、病気《びょうき》になって、次々《つぎつぎ》に死《し》んでいくのです！
このままでは、フランスの絹産業《きぬさんぎょう》が、大《おお》きな打撃《だげき》を受《う》けます
カイコの伝染病《でんせんびょう》を防《ふせ》ぐ方法《ほうほう》を見《み》つけてください
ルイ・パスツールの肩《かた》に、重《おも》い責任《せきにん》がのしかかりました
ところが——

先生《せんせい》！
研究《けんきゅう》を始《はじ》めてから三年後《さんねんご》、責任《せきにん》の重《おも》さと過労《かろう》から、脳卒中《のうそっちゅう》で倒《たお》れてしまったのです
意識不明《いしきふめい》です
ああ……
ほとんど絶望《ぜつぼう》と思《おも》われていました
しかし、二日後《ふつかご》に目《め》を覚《さ》まし、つぶやいたのです
今死《いまし》ぬのは残念《ざんねん》だ。まだまだ、やらなければならないことがある
パスツールの「生《い》きよう」とする気力《きりょく》が勝《まさ》ったのです

病状《びょうじょう》は、幸《さいわ》いにも
快方《かいほう》に向《む》かいました
よくなれば、
ベッドの上《うえ》でも
研究《けんきゅう》を続《つづ》けました
一週間後《いっしゅうかんご》には、
看病《かんびょう》している弟子《でし》に、
「病気《びょうき》にかかったカイコの
卵《たまご》を区別《くべつ》する方法《ほうほう》」を
口述筆記《こうじゅつひっき》させたほどです
しかし、左半身《ひだりはんしん》に、
終生《しゅうせい》、深刻《しんこく》な麻痺《まひ》が
残《のこ》ってしまいました
そんなハンデを少《すこ》しも感《かん》じさせ
ないほど、精力的《せいりょくてき》に研究《けんきゅう》を続《つづ》け、
ついに、カイコの伝染病《でんせんびょう》の
予防法《よぼうほう》を発見《はっけん》したのです
五年間《ごねんかん》に及《およ》ぶ闘《たたか》いでした。
これによって、フランスだけで
なく、世界中《せかいじゅう》のカイコの病気《びょうき》が
激減《げきげん》しました

豆知識 カイコの伝染病研究《でんせんびょうけんきゅう》の折《おり》、病気《びょうき》にならない日本《にほん》のカイコが注目《ちゅうもく》され、当時《とうじ》の江戸幕府将軍《えどばくふしょうぐん》・徳川家茂《とくがわいえもち》からフランス皇帝《こうてい》に健康《けんこう》なカイコの卵《たまご》が贈《おく》られました。それをパスツールは研究《けんきゅう》に役立《やくだ》てたといわれています。

鶏《にわとり》や牛《うし》の伝染病《でんせんびょう》の研究《けんきゅう》でも成果《せいか》を上《あ》げたパスツールは、六十歳《ろくじっさい》を超《こ》えても、新《あら》たな闘《たたか》いに挑戦《ちょうせん》し続《つづ》けていました
今度《こんど》の相手《あいて》は、狂犬病《きょうけんびょう》です
発病《はつびょう》したら必《かなら》ず死《し》に至《いた》る、恐《おそ》ろしい伝染病《でんせんびょう》です
狂犬《きょうけん》だ！
みんな逃《に》げろ!!
家《いえ》に隠《かく》れるんだ！
ぐわっ！
くそっ

当時《とうじ》は、病気《びょうき》にかかった犬《いぬ》や
野生動物《やせいどうぶつ》が人間《にんげん》を襲《おそ》うことが、
しばしばありました
しかも、その被害者《ひがいしゃ》は
子供《こども》に多《おお》かったのです
病気《びょうき》の犬《いぬ》にかまれると、
数週間後《すうしゅうかんご》に、突然《とつぜん》けいれんを
起《お》こし、やがて必《かなら》ず死《し》んで
しまいます
何《なに》かの菌《きん》が原因《げんいん》らしいことは
分かっていましたが、
治療方法《ちりょうほうほう》はありませんでした
パスツールは、五歳《ごさい》の子供《こども》が
狂犬病《きょうけんびょう》で苦《くる》しんでいるのを
病院《びょういん》で見《み》ました
けいれんを起《お》こし、絶《た》えず
のどの渇《かわ》きを訴《うった》えます。
それなのに、
一滴《いってき》の水《みず》も飲《の》めないのです
苦《くる》しみながら、死《し》と闘《たたか》っている
小《ちい》さな子供《こども》の姿《すがた》に、
大《おお》きなショックを受《う》けました

もう、こんなことがあってはならない
必《かなら》ずこの病原菌《びょうげんきん》を突《つ》き止《と》めて、ワクチン＊を作《つく》ってみせる
パスツールは、焦《あせ》りました
しかし、なかなか成果《せいか》が出《で》ません。研究室《けんきゅうしつ》に泊《と》まり込《こ》む毎日《まいにち》が続《つづ》きました

＊ワクチン……病気《びょうき》への抵抗力《ていこうりょく》をつけるために接種《せっしゅ》するもの。

心配《しんぱい》した友人《ゆうじん》が忠告《ちゅうこく》しました
そんな不自由《ふじゆう》な体《からだ》で、これ以上《いじょう》、無理《むり》するな
君《きみ》は、体力《たいりょく》の限界《げんかい》を超《こ》えているぞ

豆知識

病原菌《びょうげんきん》を突《つ》き止《と》めるためには、狂犬病《きょうけんびょう》にかかった犬《いぬ》の唾液《だえき》を採《と》らなければなりません。もし、かまれたならば研究者《けんきゅうしゃ》の命《いのち》も危《あぶ》なくなります。狂犬病《きょうけんびょう》ワクチンの実験《じっけん》には大変《たいへん》な苦労《くろう》があったのです。

先生《せんせい》、助《たす》けてください！
お願《ねが》いいたします!!
狂犬病《きょうけんびょう》の犬《いぬ》にかまれた少年《しょうねん》が運《はこ》び込《こ》まれてきたのです
しかし……まだ、私《わたし》のワクチンは完成《かんせい》していないのです
人《ひと》に効《き》くか、どうかは、まだ、分《わ》からないのですよ
打《う》って効《き》かなくても、それは、しかたありません
でも、このまま何《なに》もしなければ、この子《こ》は死《し》んでしまいます
もう頼《たよ》れるのは、この世《よ》でたった一人《ひとり》、パスツール先生《せんせい》だけなのです！

……！
パスツールは決心《けっしん》しました
一八八五年《ねん》、狂犬病《きょうけんびょう》のワクチンが世界《せかい》で初《はじ》めて人《ひと》に打《う》たれたのです
パスツールも、母親《ははおや》も、心配《しんぱい》して看病《かんびょう》していましたが、数週間《すうしゅうかん》たっても、少年《しょうねん》に、狂犬病《きょうけんびょう》が発病《はつびょう》しませんでした。元気《げんき》に退院《たいいん》できたのです
この成功《せいこう》の知《し》らせは、世界《せかい》を駆《か》け巡《めぐ》りました
パスツール先生《せんせい》のところへ行《い》けば、狂犬病《きょうけんびょう》で死《し》ぬことはないそうだ
世界中《せかいじゅう》の人々《ひとびと》が、大喜《おおよろこ》びする大《だい》ニュースだったのです

豆知識 パスツールは化学者《かがくしゃ》であって、医者《いしゃ》の資格《しかく》を持《も》っていなかったので、実際《じっさい》の接種《せっしゅ》は友人《ゆうじん》であるグランシェル医師《いし》にしてもらいました。

豆知識　パスツールは、自分《じぶん》の研究成果《けんきゅうせいか》の特許権《とっきょけん》（新《あら》たな発明《はつめい》を独占《どくせん》して利用《りよう》できる権利《けんり》）を得《え》ようとはしませんでした。

パリに、パスツール研究所《けんきゅうじょ》＊の
建設《けんせつ》が決《き》まるや、フランス全土《ぜんど》から
募金運動《ぼきんうんどう》がわき起《お》こりました
遠《とお》くロシアやブラジル、
トルコからも寄付《きふ》の申《もう》し
込《こ》みがあり、莫大《ばくだい》な金額《きんがく》が
寄《よ》せられたのです

利害打算《りがいださん》を超《こ》えた活動《かつどう》を、
生涯《しょうがい》、貫《つらぬ》き通《とお》した
ルイ・パスツールへの
感謝《かんしゃ》の表《あらわ》れでした

＊パスツール研究所《けんきゅうじょ》……狂犬病《きょうけんびょう》ワクチン研究《けんきゅう》のために、ルイ・パスツールを初代所長《しょだいしょちょう》として一八八八年《ねん》にパリに開設《かいせつ》されました。

大《たい》切《せつ》な心《こころ》

人《ひと》の二倍《にばい》の時間《じかん》をかければ、必《かなら》ず追《お》い越《こ》せる

「世界中《せかいじゅう》の人《ひと》を伝染病《でんせんびょう》から救《すく》った偉大《いだい》な化学者《かがくしゃ》」と聞《き》くと、パスツールは、ものすごい天才《てんさい》だったんだろうなあ、と思《おも》います。

しかし、パスツールは、学校《がっこう》の授業《じゅぎょう》についていけなくて、落《お》ち込《こ》んだことがあります。先生《せんせい》の話《はなし》を理解《りかい》するのに、クラスメートよりも時間《じかん》がかかったといいます。

それなのに、どうして偉大《いだい》な化学者《かがくしゃ》になることができたのでしょうか。パスツールは、

「僕《ぼく》は、同《おな》じクラスの優秀《ゆうしゅう》な友達《ともだち》と違《ちが》って、人《ひと》の二倍《にばい》、三倍《さんばい》の時《じ》間《かん》をかけて勉強《べんきょう》しないと、納得《なっとく》できないのです」

と言《い》っています。

ここが、パスツールの偉《えら》いところです。

「自分《じぶん》に力《ちから》が不足《ふそく》しているならば、他人《たにん》の二倍《にばい》、三倍《さんばい》の時間《じかん》をかけて、努力《どりょく》すればいい。そうすれば、必《かなら》ず追《お》いつくことができる。

必《かなら》ず追《お》い越《こ》すことができる」

という信念《しんねん》で、何事《なにごと》にも取《と》り組《く》んでいたのです。

ものしりアルバム

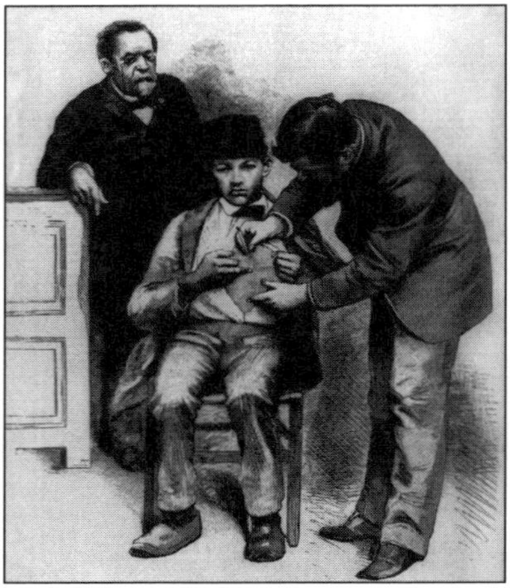

狂犬病《きょうけんびょう》ワクチンの接種《せっしゅ》を受《う》ける少年《しょうねん》
最初《さいしょ》にワクチンで救《すく》われた少年《しょうねん》は、大人《おとな》になってパスツール研究所《けんきゅうじょ》で働《はたら》くようになりました。

(Everett Historical/Shutterstock.com)

ルイ・パスツール

パスツール研究所《けんきゅうじょ》
研究所開設《けんきゅうじょかいせつ》の募金運動《ぼきんうんどう》には、政治家《せいじか》や財界《ざいかい》からの大口寄付《おおぐちきふ》だけではなく、労働者《ろうどうしゃ》や学生《がくせい》から小口《こぐち》の寄付《きふ》も広《ひろ》く寄《よ》せられました。世界中《せかいじゅう》の人《ひと》が、狂犬病《きょうけんびょう》から救《すく》われる道《みち》を開《ひら》いたパスツールをたたえたのです。

第《だい》5話《わ》

「おやおや、腹《はら》を立《た》てないという約束《やくそく》を、お忘《わす》れかな」

黒田長政《くろだながまさ》が、毎月《まいつき》、行《おこな》っていた秘密《ひみつ》の会合《かいごう》

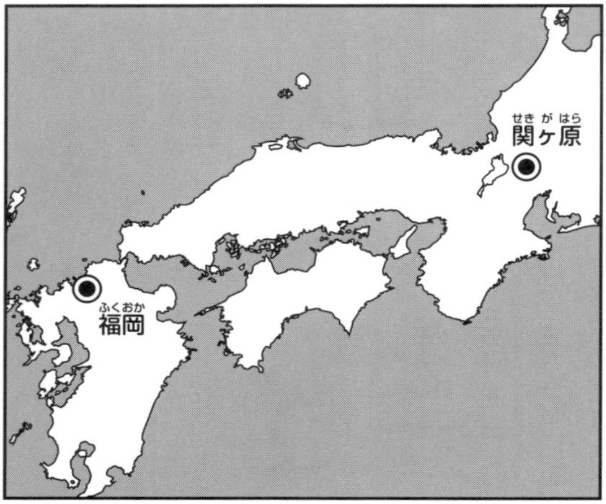

黒田長政《くろだながまさ》
（1568年生-1623年没）

人物紹介《じんぶつしょうかい》

黒田 長政（くろだ ながまさ）

黒田長政《くろだながまさ》は、筑前国福岡藩《ちくぜんのくにふくおかはん》（現在《げんざい》の福岡県《ふくおかけん》）の初代藩主《しょだいはんしゅ》です。父《ちち》は天才軍師《てんさいぐんし》として名高《なだか》い黒田官兵衛《くろだかんべえ》（孝高《よしたか》）でした。官兵衛《かんべえ》は、戦国《せんごく》の世《よ》で、滅《ほろ》び去《さ》った国《くに》を多《おお》く見《み》てきました。しかも、敗北《はいぼく》した原因《げんいん》はリーダー（藩主《はんしゅ》）の言動《げんどう》にあることが多《おお》かったのです。

「息子《むすこ》には、決《けっ》して同《おな》じ失敗《しっぱい》をさせたくない」と思《おも》った官兵衛《かんべえ》は、次《つぎ》のような戒《いまし》めを長政《ながまさ》に与《あた》えました。

- **相手《あいて》を見下《みさ》げて、偉《えら》そうな態度《たいど》をとってはならない。**
- **言葉《ことば》を荒《あら》くしたり、目《め》を怒《いか》らせたりしてはならない。**
- **人《ひと》から注意《ちゅうい》されたならば、はねつけてはならない。**
- **自分《じぶん》に非《ひ》があるのに、ごまかしてはならない。**
- **わがままに振《ふ》る舞《ま》ってはならない。**

長政《ながまさ》は、父《ちち》の戒《いまし》めをよく守《まも》り、福岡藩《ふくおかはん》をまとめていきました。「腹立《はらた》たずの会《かい》」の実施《じっし》も父《ちち》からの提案《ていあん》でした。

黒田《くろだ》長政《ながまさ》は、関ヶ原《せきがはら》の合戦《かっせん》*の後《のち》、福岡《ふくおか》に広大《こうだい》な領地《りょうち》を持《も》つ武将《ぶしょう》となりました

国《くに》を支《ささ》えるのは、人《ひと》の力《ちから》です。人《ひと》の和《わ》と結束《けっそく》を、いかにして強《つよ》くするかが重要《じゅうよう》です
黒田《くろだ》長政《ながまさ》は、「腹立《はらた》たずの会《かい》」を開《ひら》くことで、この難題《なんだい》を解決《かいけつ》しました

＊関ヶ原《せきがはら》の合戦《かっせん》……慶長五年《けいちょうごねん》（一六〇〇）、美濃国《みののくに》（現在《げんざい》の岐阜県《ぎふけん》）関ヶ原《せきがはら》で起《お》こった合戦《かっせん》。黒田《くろだ》長政《ながまさ》は、勝利《しょうり》した徳川方《とくがわがた》として戦《たたか》っていました。

豆知識
「腹立《はらた》たずの会《かい》」は「福岡城釈迦《ふくおかじょうしゃか》の間《ま》の異見会《いけんかい》」ともいわれます。

しかも、この会《かい》は非常《ひじょう》に大《おお》きな効果《こうか》があるので、子々孫々《ししそんそん》、受《う》け継《つ》ぐように遺言《ゆいごん》したほどでした
果《は》たして、「腹立《はらた》たずの会《かい》」とは、何《なん》だったのでしょうか
福岡城《ふくおかじょう》
会合場所《かいごうばしょ》は、福岡城本丸《ふくおかじょうほんまる》の「釈迦《しゃか》の間《ま》」でした
長政《ながまさ》は、ここに毎月一回《まいつきいっかい》、黒田家《くろだけ》の幹部《かんぶ》を集《あつ》めました
パタン
会合中《かいごうちゅう》は、関係者以外《かんけいしゃいがい》、近《ちか》づかないように厳命《げんめい》していました

最初《さいしょ》に、議長《ぎちょう》の長政《ながまさ》が、次《つぎ》のように誓約《せいやく》します
私《わたし》は、この会合《かいごう》で何《なに》を言《い》われても、恨《うら》んだり、憎《にく》んだりしません
この部屋《へや》を一歩《いっぽ》でも出《で》れば、ここで話《はな》されたことは、一切口外《いっさいこうがい》しません
私《わたし》は、この会合《かいごう》で何《なに》を言《い》われても、腹《はら》を立《た》てません
引《ひ》き続《つづ》き、参加者全員《さんかしゃぜんいん》が同《おな》じ誓約《せいやく》をしてから、ようやく会合《かいごう》が始《はじ》まるのです
会合《かいごう》の内容《ないよう》は……お互《たが》いに改《あらた》めるべき欠点《けってん》はないか、同僚《どうりょう》や家臣《かしん》の間《あいだ》でトラブルはないか、領民《りょうみん》からの苦情《くじょう》はないか、福岡藩《ふくおかはん》の発展《はってん》のために提案《ていあん》はないか、などについて、上下《じょうげ》の隔《へだ》てなく、遠慮《えんりょ》なく話《はな》し合《あ》います

栗山殿《くりやまどの》に申《もう》す
先日《せんじつ》の大手門石垣《おおてもんいしがき》の修繕《しゅうぜん》の時《とき》に……
……あのような指示《しじ》のされ方《かた》は、ちと傲慢過《ごうまんす》ぎではありますまいか
むむむ
欠点《けってん》を注意《ちゅうい》されると、誰《だれ》でも腹《はら》が立《た》ちます
つい感情的《かんじょうてき》になって、冷静《れいせい》に自分《じぶん》を見《み》つめることができず、反射的《はんしゃてき》に怒《いか》りと復讐心《ふくしゅうしん》が噴《ふ》き上《あ》がってきます
それは……
そういうおまえは、どうなんだ!

注意《ちゅうい》するほうも、後《あと》で気《き》まずくなったり、嫌《きら》われたりしたくないので、なかなか言《い》えません
ううむ……
井上殿《いのうえどの》の短気《たんき》を指摘《してき》したいが、言《い》ったら怒《おこ》るだろうなあ……
後《あと》で意地悪《いじわる》されたら困《こま》るしなぁ……
言葉《ことば》にするには勇気《ゆうき》がいります
そこを乗《の》り越《こ》えて、お互《たが》いのプラスにできたのは、「腹立《はらた》たずの会《かい》」のメンバー全員《ぜんいん》が――
少《すこ》しでも向上《こうじょう》したい
信用《しんよう》される人間《にんげん》になりたい
――という目的《もくてき》を、しっかりと持《も》っていたからなのです

そういえば、殿《との》
この前《まえ》、江戸《えど》へ向《む》かう宿所《しゅくしょ》でなされたことですが……
あれは恥《は》ずかしゅうございましたぞ
何《なん》とな！
……
それでも話《はな》し合《あ》っているうちに、ついつい「むっ」として、顔《かお》をこわばらせることがあります
おやおや、腹《はら》を立《た》てないという約束《やくそく》を、お忘《わす》れでしょうか
……いや、怒《おこ》ってはおらんぞ
ゴホ
ゴホン

とてもありがたい
指摘《してき》と受《う》け止《と》めて
おるぞ
誰《だれ》かが誓約違反《せいやくいはん》を指摘《してき》すると、
すぐに表情《ひょうじょう》を和《やわ》らげ、
原点《げんてん》に返《かえ》って反省《はんせい》するのです
……どうも
合点《がってん》がまいらぬ
わしは皆《みな》のためを思《おも》って
やったことなのに、
どうして悪《わる》く言《い》われ
なければならんのじゃ
指摘《してき》を受《う》けた内容《ないよう》に
合点《がってん》がいかなければ、
正直《しょうじき》に、腹《はら》の中《なか》を全部《ぜんぶ》
出《だ》し切《き》って、みんなに
尋《たず》ねるのが約束《やくそく》でした
いやいや、
それはな……

それは筋道《すじみち》を通《とお》しておらぬからじゃ
本人《ほんにん》が納得《なっとく》できなければ、「恥《はじ》をかかされた」という怒《いか》りや恨《うら》みが残《のこ》るだけなので、繰《く》り返《かえ》し、繰《く》り返《かえ》し、話《はな》し合《あ》いが続《つづ》けられたのです
それは一体《いったい》どういうことじゃ
だから、あの時《とき》に殿《との》がおっしゃった意味《いみ》はな……
この会合《かいごう》は、権力《けんりょく》で抑《おさ》えつけたり、殺気《さっき》だったりしたものではありませんでした
「心《こころ》に思《おも》うことを残《のこ》さず言《い》い合《あ》い、互《たが》いに心《こころ》の底《そこ》にわだかまりが残《のこ》らないようにする、誠《まこと》に親切《しんせつ》な議論《ぎろん》である」と記録《きろく》されています
こんな親切《しんせつ》な集《あつ》まりはないのです。本心《ほんしん》から同志《どうし》のことを思《おも》っていなければ、とてもできないことでした

よし、分《わ》かった
もし、欠点《けってん》を教《おし》えてもらう機会《きかい》がなかったら、自分《じぶん》はどうなっていたか分《わ》からない

みんなから嫌《きら》われるだけでなく、やがて大《おお》きな過《あやま》ちを犯《おか》しただろう
そのように知《し》らされると、最初《さいしょ》に抱《いだ》いた怒《いか》りも感謝《かんしゃ》の心《こころ》に、ガラッと変《か》わってしまいます
これによって、お互《たが》いの理解《りかい》が深《ふか》まり、福岡藩《ふくおかはん》・黒田家《くろだけ》の和《わ》と結束《けっそく》が、ますます強固《きょうこ》なものになっていきました

豆知識 この「腹立《はらた》たずの会《かい》」は、明治四年《めいじよねん》（一八七一）の廃藩置県《はいはんちけん》まで続《つづ》いたといわれています。

明治維新《めいじいしん》までの約二百七十年間《やくにひゃくななじゅうねんかん》、
黒田家《くろだけ》が地位《ちい》を保《たも》ち続《つづ》けた
大《おお》きな要因《よういん》は、ここにあった
といわれています

人《ひと》から注意《ちゅうい》して
もらえるということは、
ありがたいことなのです
「すぐに腹《はら》を立《た》ててしまう自分《じぶん》」
を反省《はんせい》し、素直《すなお》に耳《みみ》を傾《かたむ》け、
改《あらた》める努力《どりょく》をしていけば、必《かなら》ず、
明《あか》るい未来《みらい》が開《ひら》けてくるのです

大《たい》切《せつ》な心《こころ》

相手《あいて》の欠点《けってん》を非難《ひなん》しない

他人《たにん》から欠点《けってん》や間違《まちが》いを注意《ちゅうい》された時《とき》に、笑顔《えがお》で聞《き》ける人《ひと》は、どこにもいません。必《かなら》ず、むっと表情《ひょうじょう》が変《か》わったり、カッと怒《おこ》り出《だ》したりするでしょう。親《おや》と子《こ》の間《あいだ》でも、夫婦《ふうふ》の間《あいだ》でも、なかなかできることではありません。

そんな難《むずか》しいことを、黒田長政《くろだながまさ》が、毎月《まいつき》、「腹立《はらた》たずの会《かい》」という名前《なまえ》で行《おこな》っていたのは、実《じつ》に驚《おどろ》くべきことなのです。参加者全員《さんかしゃぜんいん》が、「お互《たが》いの進歩向上《しんぽこうじょう》のために、謙虚《けんきょ》に受《う》け止《と》めよう」という気持《きも》ちを、よほど強《つよ》く持《も》っていなければ、できないことでした。

私《わたし》たちも、友達《ともだち》を非難《ひなん》したり、責《せ》めたり、いじめたりするために、相手《あいて》の欠点《けってん》を言《い》ってはいけません。そんなことは絶対《ぜったい》にしてはなりません。

しかし、自分《じぶん》の欠点《けってん》は、誰《だれ》かから教《おし》えてもらわないと、直《なお》すことができません。もし、自分《じぶん》の欠点《けってん》を、親切《しんせつ》に教《おし》えてくれる友達《ともだち》がいたら、心《こころ》から「ありがとう」と言《い》って、謙虚《けんきょ》に聞《き》くことが大切《たいせつ》です。その友達《ともだち》は、「嫌《きら》われたら、どうしよう」と迷《まよ》いながらも、あなたのことを心配《しんぱい》して、勇気《ゆうき》を出《だ》して教《おし》えてくれたのですから。

ものしりアルバム

黒田長政《くろだながまさ》

福岡城跡《ふくおかじょうあと》（福岡県福岡市《ふくおかけんふくおかし》）
黒田官兵衛《くろだかんべえ》・長政親子《ながまさおやこ》によって慶長《けいちょう》12年《ねん》（1607）に築《きず》かれた城《しろ》です。「腹立《はらた》たずの会《かい》」の舞台《ぶたい》となりました。

関ヶ原古戦場《せきがはらこせんじょう》には、黒田長政《くろだながまさ》が陣《じん》を張《は》った場所《ばしょ》が残《のこ》っています。石田三成率《いしだみつなりひき》いる西軍《せいぐん》と、徳川家康率《とくがわいえやすひき》いる東軍《とうぐん》が戦《たたか》った天下分《てんかわ》け目《め》の戦《たたか》いで、黒田長政《くろだながまさ》は、徳川方《とくがわがた》の勝利《しょうり》に大《おお》きく貢献《こうけん》しました。

第《だい》6話《わ》

自《じ》分《ぶん》も、相《あい》手《て》も得《とく》をするように

創業《そうぎょう》の精神《せいしん》を守《まも》って飛躍《ひやく》した髙島屋《たかしまや》

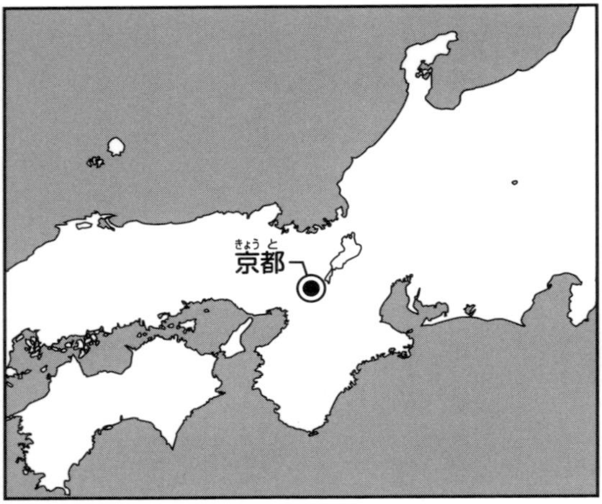

飯田新七《いいだしんひち》

（1803年生-1874年没）

人物紹介《じんぶつしょうかい》

飯田 新七（いいだ しんひち）

新《あら》たな事業《じぎょう》を始《はじ》めたり、会社《かいしゃ》を作《つく》ったりする時《とき》に、「創業《そうぎょう》の精神《せいしん》」を、文章《ぶんしょう》で書《か》き記《しる》すことは、とても大切《たいせつ》なことです。どんなりっぱな志《こころざし》も、三十年《さんじゅうねん》もたったら、忘《わす》れられてしまうことが多《おお》いからです。

髙島屋《たかしまや》の初代《しょだい》・飯田新七《いいだしんひち》は、京都《きょうと》に小《ちい》さな店《みせ》を出《だ》すと、「創業《そうぎょう》の精神《せいしん》」四《よん》カ条《じょう》を定《さだ》めています。その第一《だいいち》が、**「確実《かくじつ》なる品《しな》を廉価《れんか》にて販売《はんばい》し、自他《じた》の利益《りえき》を図《はか》るべし」**でした。

普通《ふつう》なら「どうしたらもうかるか」ばかりを考《かんが》えてしまいます。しかし、飯田新七《いいだしんひち》は「自分《じぶん》（店《みせ》）の利益《りえき》」と「他人《たにん》（客《きゃく》）の利益《りえき》」を同時《どうじ》に考《かんが》えなさい、と戒《いまし》めています。自分《じぶん》もうかり、お客《きゃく》さんも喜《よろこ》ぶ、そういう商売《しょうばい》でなければならないのです。二代目以降《にだいめいこう》にも、この精神《せいしん》が受《う》け継《つ》がれたからこそ、髙島屋《たかしまや》は大発展《だいはってん》したのです。

であり、古着屋《ふるぎや》が大《おお》きな産業《さんぎょう》になっていました。庶民《しょみん》は、古着《ふるぎ》を着《き》るのが当《あ》たり前《まえ》の時代《じだい》でした。

髙島屋《たかしまや》は、天保《てんぽう》二年《にねん》（一八三一）に、京都《きょうと》に誕生《たんじょう》しました
初代《しょだい》の飯田新七《いいだしんひち》は、小《ちい》さな店《みせ》を出《だ》したものの、並《なら》べる商品《しょうひん》を仕入《しい》れるお金《かね》にも困《こま》る状態《じょうたい》でした
店《みせ》は用意《ようい》したものの……
パチ
パチ
どうしたものか……
ボリ
ボリ
……
お店《みせ》で売《う》る物《もの》ならば、少《すこ》しありますよ
そ、そうか
ガタ

これを、お店《みせ》に並《なら》べてください
それは結婚《けっこん》する時《とき》に父親《ちちおや》が用意《ようい》してくれた着物《きもの》でした
しかし、それはおまえの大切《たいせつ》な物《もの》では……
あなたが困《こま》っているのに、妻《つま》として、じっとしているわけにはいきません
店《みせ》がうまくいったら、着物《きもの》は、また、買《か》えるじゃありませんか
……!
ガッ

妻《つま》の言葉《ことば》に感動《かんどう》した新七《しんひち》は、地道《じみち》に働《はたら》き商売《しょうばい》を拡大《かくだい》させていったのです
彼《かれ》は妻《つま》と話《はな》し合《あ》って、創業《そうぎょう》の精神《せいしん》を四《よん》カ条《じょう》にまとめました
自他《じた》の利益《りえき》を図《はか》るべし
第一条《だいいちじょう》には、そう明記《めいき》しています
自分《じぶん》たちも、お客《きゃく》さん（他《た》）も、双方《そうほう》が得《とく》をするような商売《しょうばい》をしていこうと誓《ちか》ったのです

チュン
チュン
髙島屋《たかしまや》の隣《となり》の店《みせ》も、同《おな》じ古着屋《ふるぎや》でした
商売《しょうばい》の勝《か》ち負《ま》けは、ひとえにお客様《きゃくさま》の信用《しんよう》によって決《き》まる
自分《じぶん》たちの気持《きも》ちを形《かたち》で表《あらわ》すには、毎朝《まいあさ》、早起《はやお》きするのが一番《いちばん》だ
ガタ
ガタ
そう言《い》って、隣《となり》よりも早《はや》く店《みせ》を開《あ》けることにしました
朝六時《あさろくじ》には玄関《げんかん》の戸《と》を開《あ》けて、夫婦《ふうふ》そろって掃除《そうじ》を始《はじ》めたのです
ザザ

おい
高島屋《たかしまや》という店《みせ》は、えらい早起《はやお》きで働《はたら》き者《もの》やそうな
へえー
なら行《い》ってみようかのう
いつの間《ま》にか町《まち》のうわさになって繁盛《はんじょう》し、三年《さんねん》で隣《となり》の店《みせ》を追《お》い越《こ》したのです
ポツ
ポツ
ザアアアア
また、店《みせ》には貸《か》し出《だ》し用《よう》の傘《かさ》が用意《ようい》されていました

ザァァァ
ひいっ
急《きゅう》に降《ふ》って
きたなあ
お困《こま》りでしょう。
お貸《か》ししましょうか
おお
来客《らいきゃく》だけでなく、
にわか雨《あめ》に打《う》たれて
困《こま》っている通行人《つうこうにん》にまで
快《こころよ》く提供《ていきょう》しました
こりゃ
ありがたい
バッ
ザァ
いい店《みせ》だなあ
……
これは今日《こんにち》ではよく
見《み》かけるサービスですが、
当時《とうじ》は、ほとんど例《れい》が
ありませんでした
ァァァァ

このようにコツコツと信用《しんよう》を高《たか》める努力《どりょく》を続《つづ》け、創業《そうぎょう》から三十年《さんじゅうねん》あまりの年月《ねんげつ》がたちました
平穏《へいおん》な江戸時代《えどじだい》も、開国《かいこく》を迫《せま》る海外《かいがい》からの圧力《あつりょく》によって終《お》わりを告《つ》げようとしていました
政治《せいじ》が大混乱《だいこんらん》し、京都《きょうと》の治安《ちあん》も、年々悪化《ねんねんあっか》していったのです
ドオン
ワアアアア
元治元年《げんじがんねん》（一八六四）京都《きょうと》の中心街《ちゅうしんがい》が戦場《せんじょう》となり、薩摩藩《さつまはん》＊と長州藩《ちょうしゅうはん》＊の軍隊《ぐんたい》が激突《げきとつ》

＊薩摩藩《さつまはん》……現在《げんざい》の鹿児島県《かごしまけん》・宮崎県南西部《みやざきけんなんせいぶ》の藩《はん》。

＊長州藩《ちょうしゅうはん》……現在《げんざい》の山口県《やまぐちけん》の藩《はん》。

ゴォォ
火《ひ》の回《まわ》りが早《はや》いぞ!
ええい、すぐに逃《に》げろ!!
市中《しちゅう》はたちまち猛火《もうか》に包《つつ》まれました
グォォォ
家《いえ》や寺《てら》などを焼《や》き尽《つ》くす大火災《だいかさい》が発生《はっせい》したのです
高島屋《たかしまや》も全焼《ぜんしょう》してしまいました
しかし、幸《さいわ》いにも店《みせ》に並《なら》んでいた商品《しょうひん》は、別《べつ》の場所《ばしょ》に運《はこ》ぶことができました
着《き》のみ着《き》のままで焼《や》け出《だ》された人《ひと》たちは、衣服《いふく》を求《もと》めている……

豆知識 この事件《じけん》は「禁門《きんもん》の変《へん》（蛤御門《はまぐりごもん》の変《へん》）」といわれ、京都《きょうと》市中《しじゅう》の家屋《かおく》約《やく》二万八千戸《にまんはっせんこ》が焼失《しょうしつ》しました。なすすべもなくどんどん家《いえ》が焼《や》けてしまったので「どんどん焼《や》け」と呼《よ》ばれる大火災《だいかさい》でした。

すぐに店《みせ》を出《だ》すぞ！
えっ！
高島屋《たかしまや》の対応《たいおう》は実《じつ》に早《はや》かったのです
よいか。品物《しなもの》の値段《ねだん》を高《たか》くしてはいけない
今《いま》までと同《おな》じ値段《ねだん》で売《う》るのだ！
火災発生《かさいはっせい》から一週間後《いっしゅうかんご》には店《みせ》を出《だ》し、販売《はんばい》を開始《かいし》しました
すると、たちまち行列《ぎょうれつ》ができて、あっという間《ま》に売《う》り切《き》れてしまいました。
布切《ぬのき》れ一枚《いちまい》でも引《ひ》っ張《ぱ》りだこだったといいます

＊ぬれ手《て》で粟《あわ》……ぬれた手《て》で粟《あわ》をつかむと粟粒《あわつぶ》がたくさんついてくるように、何《なん》の苦労《くろう》もしないで利益《りえき》を得《え》ること。

明治《めいじ》以降《いこう》に大《おお》きく飛躍《ひやく》する礎《いしずえ》を築《きず》いたのは、この時《とき》でした
髙島屋《たかしまや》二代目《にだいめ》は、次《つぎ》のように語《かた》っています
お客様《きゃくさま》に得《とく》をしてもらうままが、自分《じぶん》たちの利益《りえき》になるように心《こころ》がけています
いわゆる「自利利他《じりりた》」は、昔《むかし》から変《か》わらぬ当店《とうてん》の家風《かふう》であります

大《たい》切《せつ》な心《こころ》

自分《じぶん》も、相手《あいて》も、得《とく》をするように

自分《じぶん》の利益《りえき》や、自分《じぶん》が得《とく》することばかり考《かんが》えている人《ひと》を「我利我利亡者《がりがりもうじゃ》」といいます。そんな人《ひと》は、信用《しんよう》されません。しかも、自分《じぶん》ばっかり幸《しあわ》せになろうとしている人《ひと》は、逆《ぎゃく》に、幸《しあわ》せになれないのです。

「我利我利《がりがり》」の反対《はんたい》が、「自利利他《じりりた》」です。自利利他《じりりた》とは、自分《じぶん》も、相手《あいて》も得《とく》をするように心《こころ》がけることです。

たとえば、困《こま》っている人《ひと》に親切《しんせつ》をします。すると、相手《あいて》は、心《こころ》から喜《よろこ》んでくれます。相手《あいて》から感謝《かんしゃ》の言葉《ことば》を聞《き》くと、自分《じぶん》の心《こころ》も明《あか》るくなります。自分《じぶん》も、相手《あいて》も、お互《たが》いに幸《しあわ》せな気持《きも》ちになれるのです。

商売《しょうばい》でいうと、がめつくもうけようとせずに、お客《きゃく》さんの立場《たちば》に立《た》って、必要《ひつよう》とされている商品《しょうひん》を、なるべく買《か》いやすい金額《きんがく》で販売《はんばい》します。するとお客《きゃく》さんは、喜《よろこ》んで買《か》ってくれます。お店《みせ》はお金《かね》がもうかって喜《よろこ》び、お客《きゃく》さんはよい品《しな》が手《て》に入《はい》って喜《よろこ》びます。両方《りょうほう》とも得《とく》をしたことになります。

この精神《せいしん》を、髙島屋《たかしまや》の創立者《そうりつしゃ》・飯田新七《いいだしんひち》が、「自他《じた》の利益《りえき》を図《はか》るべし」と言《い》ったのです。

自分《じぶん》も、相手《あいて》も、得《とく》をするように心《こころ》がけている人《ひと》は、幸《しあわ》せになれるのです。

ものしりアルバム

飯田新七《いいだしんひち》

飯田新七《いいだしんひち》は天保《てんぽう》２年《ねん》（1831）１月《がつ》に、この地《ち》で古着屋《ふるぎや》を始《はじ》めました。
(京都市下京区烏丸通松原《きょうとししもぎょうくからすまどおりまつばら》)

高島屋《たかしまや》創業《そうぎょう》の地《ち》の記念碑《きねんひ》

高島屋日本橋店《たかしまやにほんばしてん》

昭和初期《しょうわしょき》に建築《けんちく》されたビルです。平成《へいせい》21年《ねん》に、百貨店建築《ひゃっかてんけんちく》としては初《はじ》めて、重要文化財《じゅうようぶんかざい》に指定《してい》されました。

第《だい》7話《わ》

カエルに教《おし》えられたスランプの克服《こくふく》法《ほう》

雨《あめ》の日《ひ》に、
小野道風《おののとうふう》が、
柳《やなぎ》の木《き》の下《した》で見《み》たもの

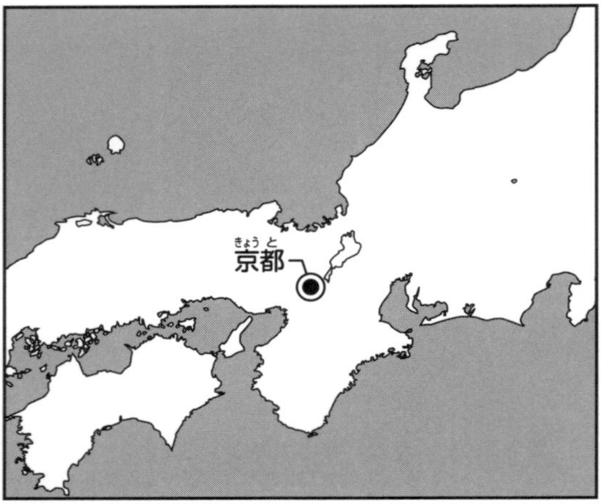

小野道風《おののとうふう》

（894年生-966年没）

人物紹介《じんぶつしょうかい》

小野 道風（おのの とうふう）

小野道風《おののとうふう》は、平安時代《へいあんじだい》の書道家《しょどうか》です。道風《とうふう》が書《か》く文字《もじ》は、ただの達筆《たっぴつ》ではありませんでした。平安時代中期《へいあんじだいちゅうき》の最《もっと》も優《すぐ》れた三人《さんにん》の書道家《しょどうか》を「三蹟《さんせき》」といいますが、その中《なか》の一人《ひとり》に選《えら》ばれているのです。それほど有名《ゆうめい》で、多《おお》くの人《ひと》から、褒《ほ》められる人《ひと》でも、若《わか》い時《とき》には、落《お》ち込《こ》んだり、悩《なや》んだりすることがあったのです。どの道《みち》を進《すす》んでも、最初《さいしょ》からうまくいく人《ひと》はありません。

道風《とうふう》は、一匹《いっぴき》のカエルが、柳《やなぎ》の枝《えだ》に跳《と》び乗《の》ろうとして、何度《なんど》もジャンプしているのを見《み》て、「こんなカエルでさえ、あきらめずにがんばっているではないか。まして、人間《にんげん》である自分《じぶん》は、もっとがんばって当然《とうぜん》ではないか」と気《き》づいて、再《ふたた》び、書道《しょどう》の練習《れんしゅう》に励《はげ》んだというのは、有名《ゆうめい》なエピソードです。

小野道風《おののとうふう》は、平安時代《へいあんじだい》の書道《しょどう》の大家《たいか》として有名《ゆうめい》です
しかし、若《わか》い頃《ころ》、大変《たいへん》なスランプに陥《おちい》っていました
ちょうど、その日《ひ》は、雨《あめ》が降《ふ》っていました
ああ……
ザアアア
どれだけ書道《しょどう》の練習《れんしゅう》をしても、うまくならない……

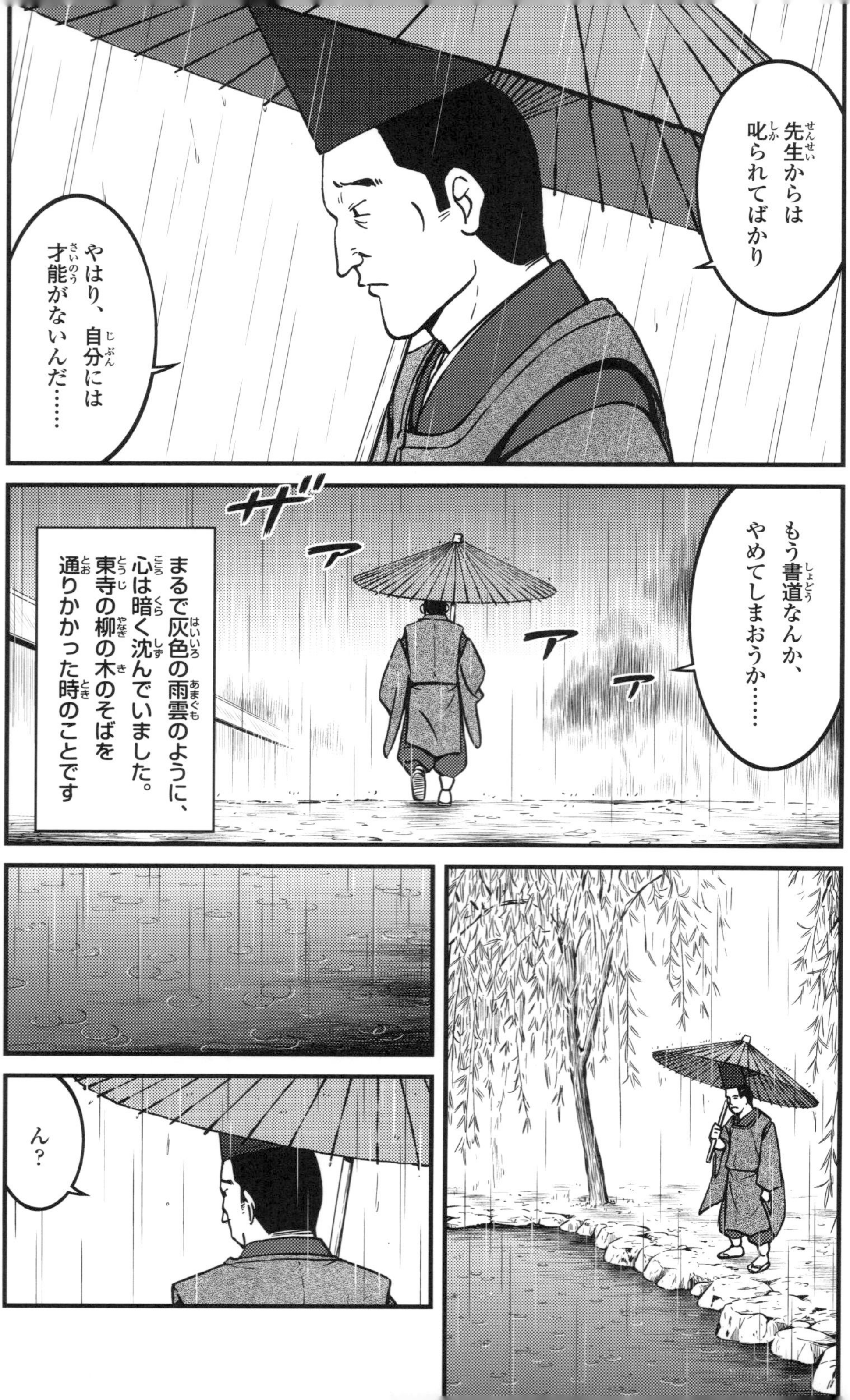

先生《せんせい》からは叱《しか》られてばかり
やはり、自分《じぶん》には才能《さいのう》がないいんだ……
もう書道《しょどう》なんか、やめてしまおうか……
ザアアア
まるで灰色《はいいろ》の雨雲《あまぐも》のように、心《こころ》は暗《くら》く沈《しず》んでいました。東寺《とうじ》の柳《やなぎ》の木《き》のそばを通《とお》りかかった時《とき》のことです
ん？

ピョーン
なんだ、カエルか……
柳《やなぎ》の枝《えだ》に跳《と》び乗《の》ろうとしているのか
ピョーン
あははっ、だいじょうぶかよ
まだやるのか？
また落《お》ちた
？
だから無理《むり》なんだよ、おまえには……

まだ……
おまえ根性《こんじょう》あるな
もうちょっとだ、
がんばれ！
よっ
おっ
やった!!

いかん、
いかん
つい、はしゃいで
しまった……
待《ま》てよ
カエルでさえ、
あきらめずに、挑戦《ちょうせん》して
いるではないか
自分《じぶん》の能力以上《のうりょくいじょう》の
目標《もくひょう》に向《む》かうからには、
努力《どりょく》を続《つづ》けることが
大切《たいせつ》なのだ
よしっ！
彼《かれ》は心機一転《しんきいってん》して、
書道《しょどう》に励《はげ》みました

やがて小野道風《おののとうふう》は、それまでの中国《ちゅうごく》の書《しょ》のまねを超《こ》えて、日本人《にほんじん》の感性《かんせい》に合《あ》った優美《ゆうび》な書体《しょたい》を作《つく》り出《だ》していきます
その業績《ぎょうせき》は高《たか》く評価《ひょうか》され、平安時代《へいあんじだい》を代表《だいひょう》する書家《しょか》＊になりました。その後《ご》の日本《にほん》の書道《しょどう》にも、大《おお》きな影響《えいきょう》を与《あた》える存在《そんざい》になったのです

小野道風《おののとうふう》とカエルの話《はなし》は、花札《はなふだ》（カルタの一種《いっしゅ》）にも描《えが》かれています

＊平安時代《へいあんじだい》を代表《だいひょう》する書家《しょか》……小野道風《おののとうふう》は、藤原佐理《ふじわらのすけまさ》、藤原行成《ふじわらのゆきなり》と並《なら》んで「三蹟《さんせき》」といわれています。

大《たい》切《せつ》な心《こころ》

前向《まえむ》きに努力《どりょく》していれば、道《みち》は開《ひら》ける

小野道風《おののとうふう》は、カエルから、何《なに》を学《まな》んだのでしょうか。

カエルは、柳《やなぎ》の枝《えだ》に跳《と》び乗《の》ろうとしていました。ジャンプしても届《とど》きません。それでもカエルは、またジャンプします。

「おまえは、身《み》の程知《ほどし》らずだな。どう考《かんが》えたって、この距離《きょり》じゃ無理《むり》だよ」と、道風《とうふう》は、笑《わら》って見《み》ています。

カエルは、落《お》ちても、落《お》ちても、へこたれずにジャンプを続《つづ》けます。道風《とうふう》も、その根性《こんじょう》に感動《かんどう》し、応援《おうえん》し始《はじ》めました。

すると、次《つぎ》にジャンプした瞬間《しゅんかん》に、急《きゅう》に風《かぜ》が吹《ふ》き、柳《やなぎ》の枝《えだ》が、ふわっと近《ちか》づいてきたのです。ジャンプしたタイミングと、見事《みごと》に合《あ》って、カエルは枝《えだ》につかまることができました。

道風《とうふう》は、「自分《じぶん》なんかダメだ」とあきらめかけていたことが、恥《は》ずかしくなりました。

「カエルは、あきらめずに挑戦《ちょうせん》していたからこそ、たまたま吹《ふ》いた風《かぜ》までも味方《みかた》にすることができたのだ。前向《まえむ》きに努力《どりょく》していれば、必《かなら》ず、道《みち》が開《ひら》けるはずだ」

カエルに教《おし》えられた道風《とうふう》は、書道《しょどう》の練習《れんしゅう》に励《はげ》んだのでした。

小野道風《おののとうふう》

ものしりアルバム

道風誕生《とうふうたんじょう》の地《ち》と伝《つた》えられている愛知県《あいちけん》春日井市《かすがいし》には、「道風記念館《とうふうきねんかん》」が建《た》てられています。全国的《ぜんこくてき》にも数少《かずすく》ない書《しょ》専門《せんもん》の美術館《びじゅつかん》です。写真《しゃしん》は、記念館前《きねんかんまえ》の小野道風像《おののとうふうぞう》。

小野道風《おののとうふう》ゆかりの柳《やなぎ》が東寺《とうじ》に残《のこ》されています。（京都市南区九条町《きょうとしみなみくくじょうちょう》）

第《だい》8話《わ》

いつでも再《さい》出《しゅつ》発《ぱつ》できる

日《に》本《ほん》全《ぜん》国《こく》を測《そく》量《りょう》し、
歴《れき》史《し》に残《のこ》る偉《い》業《ぎょう》を成《な》し遂《と》げた
伊《い》能《のう》忠《ただ》敬《たか》

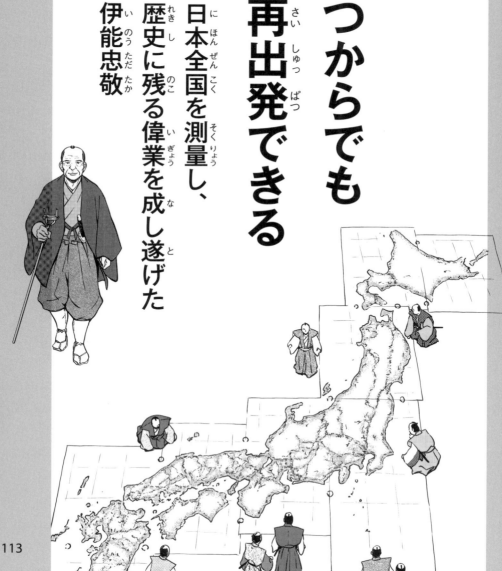

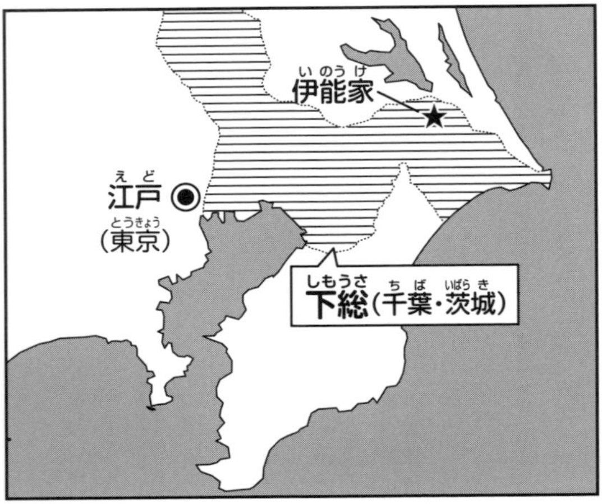

伊能忠敬《いのうただたか》
（1745年生-1818年没）

人物紹介《じんぶつしょうかい》

伊能 忠敬（いのう ただたか）

今《いま》から二百年《にひゃくねん》ほど前《まえ》に、初《はじ》めて正確《せいかく》な日本地図《にほんちず》を作《つく》ったのが伊能忠敬《いのうただたか》です。

現在《げんざい》のように人工衛星《じんこうえいせい》も、飛行機《ひこうき》も、車《くるま》もありません。距離《きょり》を測《はか》るために自《みずか》ら工夫《くふう》した機材《きざい》や、方位磁石《ほういじしゃく》などを持《も》って、ひたすら海岸線《かいがんせん》を歩《ある》いて測量《そくりょう》したのです。

しかも測量《そくりょう》を始《はじ》めたのは五十五歳《ごじゅうごさい》からでした。七十二歳《ななじゅうにさい》まで、十七年間《じゅうしちねんかん》もかけて、約三万五千《やくさんまんごせん》キロを歩《ある》き、北海道《ほっかいどう》から九州《きゅうしゅう》までの測量《そくりょう》を成《な》し遂《と》げたのです。

測量《そくりょう》が終《お》わると、そのデータを基《もと》にして地図《ちず》を作《つく》っていきます。忠敬《ただたか》は、全国《ぜんこく》を測量《そくりょう》する悲願《ひがん》は達成《たっせい》しましたが、日本全図《にほんぜんず》の完成《かんせい》を見《み》ることなく、七十四歳《ななじゅうよんさい》で、この世《よ》を去《さ》りました。

日本地図作成《にほんちずさくせい》の大事業《だいじぎょう》は、弟子《でし》によって受《う》け継《つ》がれ、忠敬《ただたか》が亡《な》くなってから三年後《さんねんご》に完成《かんせい》するのです。

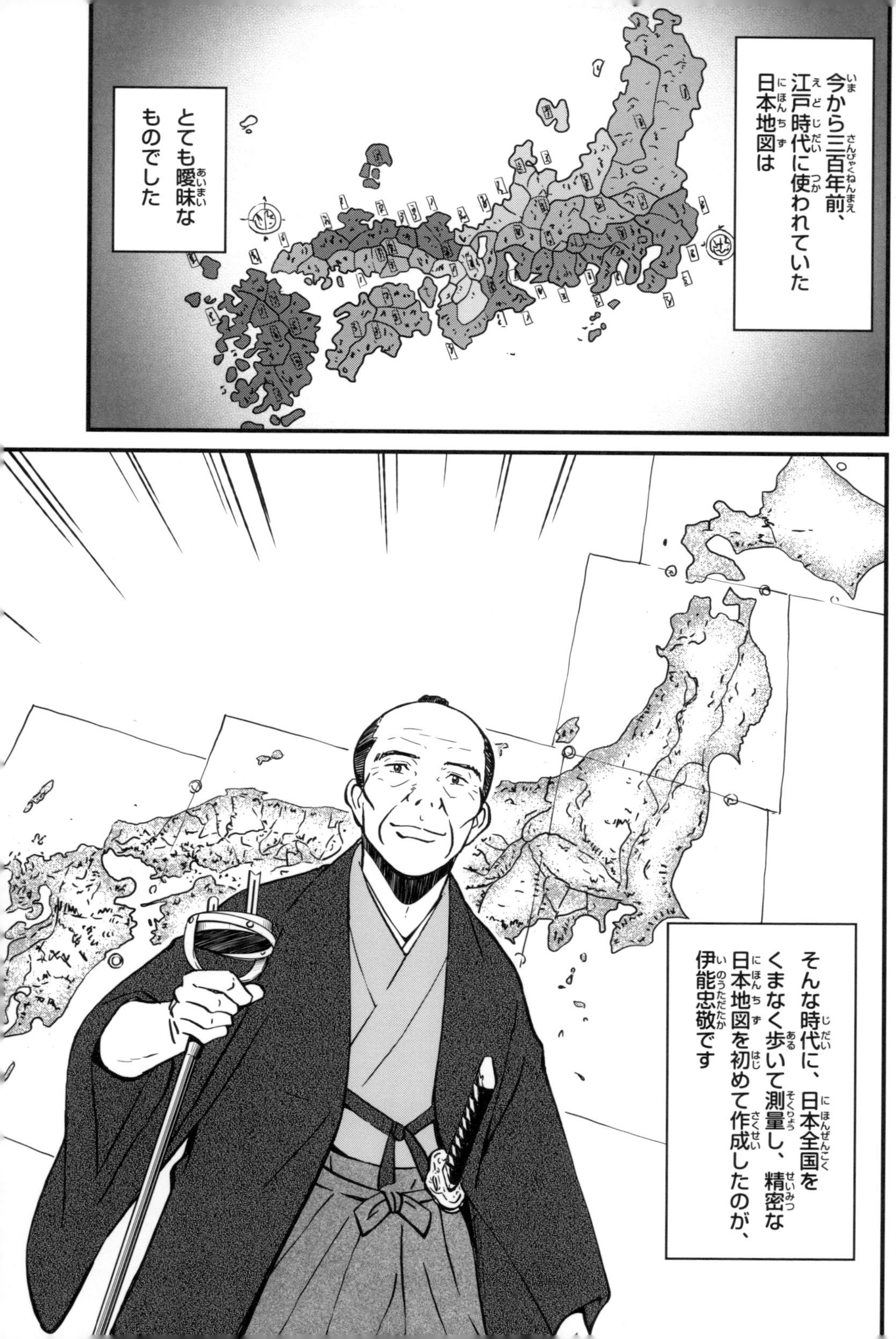
今《いま》から三百年前《さんびゃくねんまえ》、江戸時代《えどじだい》に使《つか》われていた日本地図《にほんちず》は
とても曖昧《あいまい》なものでした
そんな時代《じだい》に、日本全国《にほんぜんこく》をくまなく歩《ある》いて測量《そくりょう》し、精密《せいみつ》な日本地図《にほんちず》を初《はじ》めて作成《さくせい》したのが、伊能忠敬《いのうただたか》です

豆知識　忠敬《ただたか》は延享二年《えんきょうにねん》（一七四五）、上総国小関村《かずさのくにこせきむら》（現在《げんざい》の千葉県九十九里町小関《ちばけんくじゅうくりまちこせき》）に生《う》まれました。幼《おさな》くして母《はは》が他界《たかい》、父親《ちちおや》や兄弟《きょうだい》とも別《わか》れて暮《く》らし、孤独《こどく》な子供時代《こどもじだい》でした。

＊下総国《しもうさのくに》……現在《げんざい》の千葉県北部《ちばけんほくぶ》と茨城県南西部《いばらきけんなんせいぶ》。

パタン
しかし、今《いま》はひたすら家業《かぎょう》の再興《さいこう》に全力《ぜんりょく》を尽《つ》くさなければ……
その成果《せいか》は徐々《じょじょ》に表《あらわ》れ、七年後《しちねんご》には江戸《えど》に支店《してん》を作《つく》るまでになったのです
また、飢饉《ききん》や災害《さいがい》の際《さい》には、困《こま》った人《ひと》を助《たす》け、食《た》べ物《もの》を分《わ》け与《あた》えたことが何度《なんど》もありました
伊能忠敬《いのうただたか》は地元《じもと》で大《おお》きな信用《しんよう》を得《え》ていきます
商売《しょうばい》も大繁盛《だいはんじょう》し、伊能家《いのうけ》を完全《かんぜん》に立《た》て直《なお》すことができたのです。これで、婿養子《むこようし》としての使命《しめい》をじゅうぶん果《は》たしたといえます

豆知識 天明三年《てんめいさんねん》（一七八三）、浅間山《あさまやま》が大噴火《だいふんか》を起《お》こしました。関東全域《かんとうぜんいき》に火山灰《かざんばい》が降《ふ》りそそぎ、農作物《のうさくぶつ》が大《おお》きな被害《ひがい》を受《う》けました。伊能忠敬《いのうただたか》は災害《さいがい》で苦《くる》しむ人々《ひとびと》の救済《きゅうさい》に全力《ぜんりょく》を尽《つ》くしました。

五十歳《ごじっさい》を過《す》ぎてから、長男《ちょうなん》に跡《あと》を任《まか》せて隠居《いんきょ》しました
今《いま》までご苦労《くろう》さまでした
どうぞゆっくりお過《す》ごしください
いや、悠々自適《ゆうゆうじてき》な生活《せいかつ》など考《かんが》えておらぬ
永年《ながねん》の夢《ゆめ》に、これから打《う》ち込《こ》むのじゃ!
えっ!!
父上《ちちうえ》!
忠敬《ただたか》は、家族《かぞく》や親戚《しんせき》の理解《りかい》を得《え》て、江戸《えど》へ向《む》かったのです

＊高橋至時《たかはしよしとき》……一七六四年生～一八〇四年没。江戸《えど》時代後期《じだいこうき》の天文学者《てんもんがくしゃ》。天文方《てんもんかた》（幕府《ばくふ》のもとで改暦《かいれき》に携《たずさ》わる職《しょく》）に任命《にんめい》された。

しかし忠敬《ただたか》は少《すこ》しも気《き》にしません
師匠《ししょう》の言葉《ことば》に素直《すなお》に従《したが》い、誰《だれ》よりも情熱《じょうねつ》を燃《も》やして天体観測《てんたいかんそく》、測量《そくりょう》の勉学《べんがく》に励《はげ》んだのです

伊能忠敬《いのうただたか》は、単《たん》なる知識欲《ちしきよく》を満《み》たすために学《まな》んでいるのではありませんでした
後世《こうせい》の人々《ひとびと》に貢献《こうけん》できる仕事《しごと》をしたい！
ドオオオ
当時《とうじ》の蝦夷《えぞ》（北海道《ほっかいどう》）の地図《ちず》
時《とき》あたかも、北海道近海《ほっかいどうきんかい》にロシア船《せん》が現《あらわ》れるようになり、徳川幕府《とくがわばくふ》は頭《あたま》を悩《なや》ませていました
日本《にほん》を防衛《ぼうえい》する対策《たいさく》を考《かんが》えるには、地図《ちず》が必要《ひつよう》になります

豆知識 忠敬《ただたか》は自宅《じたく》に天文機器《てんもんきき》をそろえ、毎日《まいにち》欠《か》かさず正午《しょうご》の太陽《たいよう》を測《はか》り、夜《よる》は星空《ほしぞら》を観測《かんそく》していました。寛政九年《かんせいきゅうねん》（一七九七）には、白昼《はくちゅう》の金星《きんせい》を観測《かんそく》しました。日本人初《にほんじんはつ》の快挙《かいきょ》です。

自分《じぶん》のお金《かね》で北海道《ほっかいどう》の測量《そくりょう》をさせてください！
五十五歳《ごじゅうごさい》になった伊能忠敬《いのうただたか》は、師匠《ししょう》を通《とお》して幕府《ばくふ》へ願《ねが》い出《で》ました
伊能忠敬《いのうただたか》？誰《だれ》だそりゃ
何《なん》の地位《ちい》もない町人《ちょうにん》ではないか
いくら高橋至時《たかはしよしとき》が推薦《すいせん》しても、幕府《ばくふ》はその力量《りきりょう》を疑《うたが》っていました
なかなか回答《かいとう》がありません
重《かさ》ねて嘆願《たんがん》した結果《けっか》……
自分《じぶん》の金《かね》でやるなら、試《こころ》みにやってみよ

ようやく許可《きょか》が出《で》たのです
やった!!
彼《かれ》は喜《よろこ》び勇《いさ》んで江戸《えど》を出発《しゅっぱつ》しました
当時《とうじ》の測量《そくりょう》はとても地道《じみち》な作業《さぎょう》でした
まず二《に》カ所《しょ》の地点《ちてん》の距離《きょり》を測《はか》る
六十間《ろくじっけん》です＊
そして方位磁石《ほういじしゃく》によって方角《ほうがく》を測《はか》る
北東《ほくとう》に二十度《にじゅうど》の方角《ほうがく》
そして次《つぎ》の地点《ちてん》までの距離《きょり》と方角《ほうがく》を測《はか》る

＊間《けん》……一間《いっけん》は約一《やくいち》・八《はち》メートル。

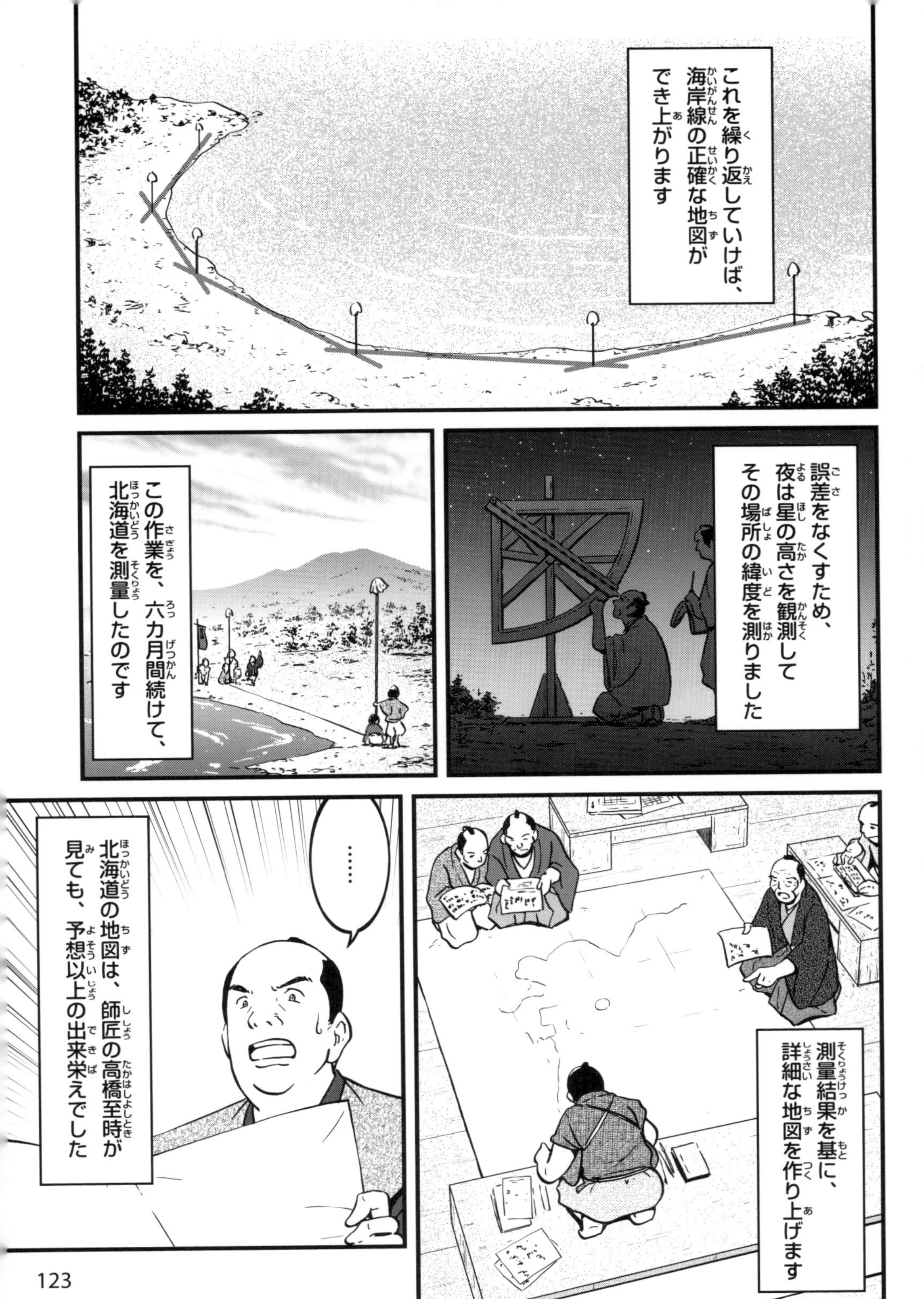
これを繰《く》り返《かえ》していけば、海岸線《かいがんせん》の正確《せいかく》な地図《ちず》ができ上《あ》がります
誤差《ごさ》をなくすため、夜《よる》は星《ほし》の高《たか》さを観測《かんそく》してその場所《ばしょ》の緯度《いど》を測《はか》りました
この作業《さぎょう》を、六《ろっ》カ月間《げつかん》続けて、北海道《ほっかいどう》を測量《そくりょう》したのです
測量結果《そくりょうけっか》を基《もと》に、詳細《しょうさい》な地図《ちず》を作《つく》り上《あ》げます
……
北海道《ほっかいどう》の地図《ちず》は、師匠《ししょう》の高橋至時《たかはしよしとき》が見《み》ても、予想以上《よそういじょう》の出来栄《できば》えでした

こ、これはすごい……
幕府《ばくふ》も驚《おどろ》きました
早速《さっそく》、伊能忠敬《いのうただたか》に、日本各地《にほんかくち》の測量《そくりょう》を命《めい》じたのです
彼《かれ》は、自分《じぶん》で工夫《くふう》した粗末《そまつ》な観測機器《かんそくきき》を持《も》ち、黙々《もくもく》と歩《ある》き続《つづ》けました
ガサ
ガサ
一《ひと》つの地域《ちいき》の測量《そくりょう》を終《お》えると、江戸《えど》へ帰《かえ》って地図《ちず》を作成《さくせい》します
また次《つぎ》の場所《ばしょ》へ測量《そくりょう》に旅立《たびだ》つという生活《せいかつ》でした

高齢《こうれい》の身《み》でありながら、十七年間《じゅうしちねんかん》かけて、北海道《ほっかいどう》から九州《きゅうしゅう》までを精力的《せいりょくてき》に歩《ある》いたのです
日本全国《にほんぜんこく》の測量《そくりょう》を全《まっと》うしたのは、七十二歳《ななじゅうにさい》の時《とき》でした
地図《ちず》を作成《さくせい》し幕府《ばくふ》へ納《おさ》めても、報酬《ほうしゅう》は微々《びび》たるものでした
「人《ひと》のためになることを成《な》し遂《と》げたい」という尊《とうと》い目的《もくてき》がなければ、とてもできないことでした。しかし、伊能忠敬《いのうただたか》は、日本全国《にほんぜんこく》の地図《ちず》の完成《かんせい》を見《み》ずに、七十四歳《ななじゅうよんさい》でこの世《よ》を去《さ》ったのです

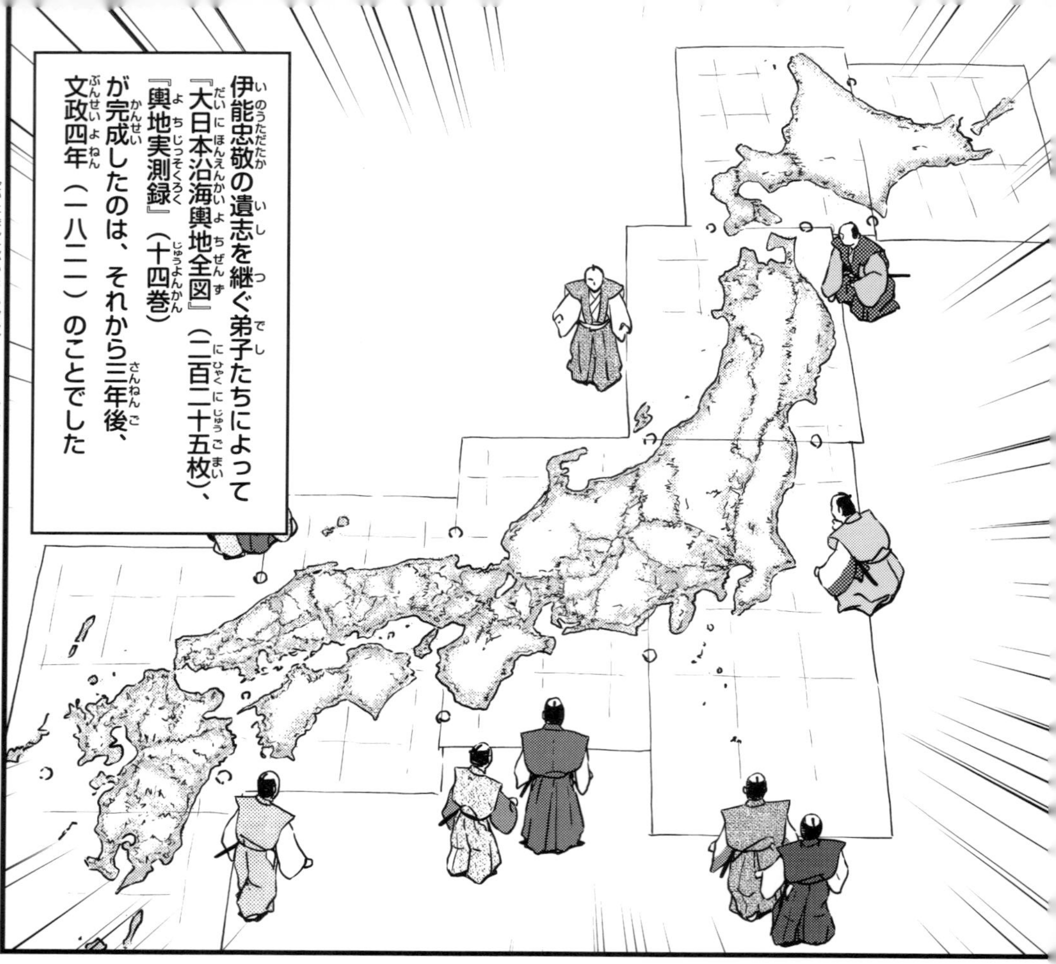
伊能忠敬《いのうただたか》の遺志《いし》を継《つ》ぐ弟子《でし》たちによって『大日本沿海輿地全図《だいにほんえんかいよちぜんず》』（二百二十五枚《にひゃくにじゅうごまい》）、『輿地実測録《よちじっそくろく》』（十四巻《じゅうよんかん》）が完成《かんせい》したのは、それから三年後《さんねんご》、文政四年《ぶんせいよねん》（一八二一）のことでした

伊能忠敬《いのうただたか》の地図《ちず》が、いかに正確《せいかく》なものであったかを示《しめ》すエピソードがあります
ザ
ザ
ア
四十年後《よんじゅうねんご》、イギリスが日本沿岸《にほんえんがん》の地図《ちず》を作《つく》るために、測量船《そくりょうせん》を派遣《はけん》してきたのです

豆知識 『大日本沿海輿地全図《だいにほんえんかいよちぜんず》』の「大図《だいず》」は縮尺三万六千分《しゃくしゃくさんまんろくせんぶん》の一《いち》で、北《きた》は北海道宗谷《ほっかいどうそうや》、南《みなみ》は九州屋久島《きゅうしゅうやくしま》、東《ひがし》は国後島《くなしりとう》、西《にし》は五島列島《ごとうれっとう》まで入《はい》っています。

当時《とうじ》、日本国内《にほんこくない》には「外国人《がいこくじん》を追《お》い出《だ》せ」と過激《かげき》に叫《さけ》ぶ人《ひと》が多《おお》くいました
日本《にほん》へ入《はい》るな!!
イギリス人《じん》が各地《かくち》へ上陸《じょうりく》すると混乱《こんらん》が起《お》きるのは明《あき》らかです
幕府《ばくふ》がどれだけ止《と》めても、イギリスは態度《たいど》を変《か》えようとしません
しかし、幕府役人《ばくふやくにん》が持《も》っていた伊能忠敬《いのうただたか》の地図《ちず》が、たまたま測量船艦長《そくりょうせんかんちょう》の目《め》に触《ふ》れたのです
おお……
これは素晴《すば》らしい。実《じつ》に精巧《せいこう》な地図《ちず》だ
これがあれば、新《あら》たに測量《そくりょう》する必要《ひつよう》はない
そう言《い》って、計画《けいかく》を変更《へんこう》し帰《かえ》っていきました

豆知識 この時《とき》、イギリス側《がわ》が入手《にゅうしゅ》した伊能忠敬《いのうただたか》の地図《ちず》の写《うつ》しは、今《いま》でもイギリス国立海事博物館《こくりつかいじはくぶつかん》に保管《ほかん》されています。

伊能忠敬《いのうただたか》が作《つく》った日本地図《にほんちず》は、
幕末《ばくまつ》から昭和《しょうわ》に至《いた》るまで、
百年以上《ひゃくねんいじょう》にわたり、
さまざまな分野《ぶんや》で活用《かつよう》され、
日本《にほん》の近代化《きんだいか》を支《ささ》えていきました

五十歳《ごじっさい》からの勉学《べんがく》が、
歴史《れきし》に残《のこ》る偉業《いぎょう》を
成《な》し遂《と》げたのです
志《こころざし》があれば、いつからでも
再出発《さいしゅっぱつ》できることを、
伊能忠敬《いのうただたか》は示《しめ》しています

大《たい》切《せつ》な心《こころ》

世《よ》のため、人《ひと》のためになる仕事《しごと》を

夢《ゆめ》を持《も》って生《い》きることは、大切《たいせつ》なことです。

伊能忠敬《いのうただたか》は、自分《じぶん》のやりたいことを、三十年間《さんじゅうねんかん》も胸《むね》に温《あたた》めていました。そして、じっと機会《きかい》を待《ま》ち、五十歳《ごじっさい》を過《す》ぎて条件《じょうけん》が整《ととの》うと、一気《いっき》に、夢《ゆめ》の実現《じつげん》へ向《む》かって突《つ》き進《すす》んだのです。

しかも、伊能忠敬《いのうただたか》の偉《えら》いところは、その夢《ゆめ》が、単《たん》なる自《じ》己満足《こまんぞく》ではなく、「世《よ》のため、人《ひと》のためになる仕事《しごと》をしたい」と願《ねが》ったことでした。

自分《じぶん》の欲望《よくぼう》を満《み》たすための生《い》き方《かた》ではなかったからこそ、十七年間《じゅうしちねんかん》もかけて、日本全国《にほんぜんこく》を測量《そくりょう》して、地図《ちず》を作《つく》るという大事業《だいじぎょう》に取《と》り組《く》むことができたのです。

自分《じぶん》は、将来《しょうらい》、どんな仕事《しごと》をしたいのかを考《かんが》える時《とき》に、伊能忠敬《いのうただたか》の生《い》き方《かた》は、大《おお》きなヒントを与《あた》えてくれます。

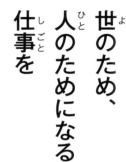

ものしりアルバム

伊能忠敬《いのうただたか》が使《つか》った測量器具《そくりょうきぐ》が、今《いま》も残《のこ》されています。写真《しゃしん》は「わんか羅鍼《らしん》」と呼《よ》ばれる方位磁石盤《ほういじしゃくばん》です。

伊能忠敬《いのうただたか》

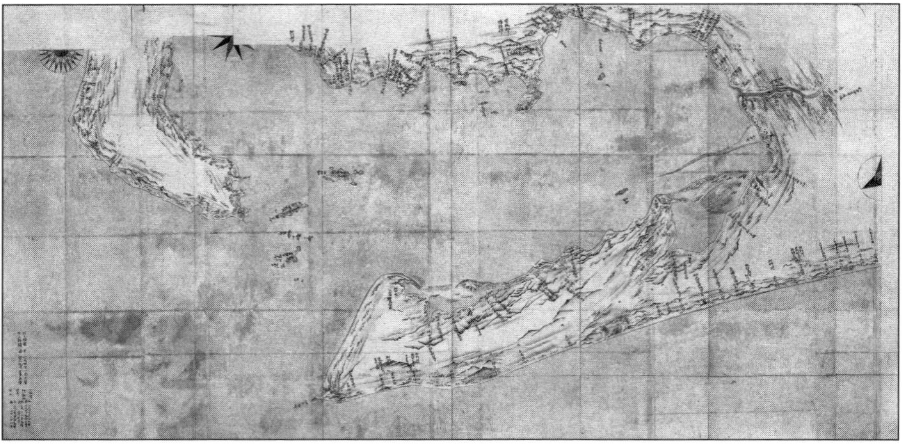

これは伊能忠敬《いのうただたか》が実際《じっさい》に作成《さくせい》した地図《ちず》です。場所《ばしょ》は、現在《げんざい》の愛知県渥美半島《あいちけんあつみはんとう》です。現代《げんだい》の物《もの》と変《か》わらないほど、正確《せいかく》なことが分《わ》かります。

（千葉県香取市　伊能忠敬記念館蔵）

第《だい》9話《わ》

相《あい》手《て》の行《こう》為《い》を、ありがたく受《う》け取《と》る

人《にん》間《げん》関《かん》係《けい》を大《たい》切《せつ》にした 秀《ひで》吉《よし》の松《まつ》茸《たけ》狩《が》り

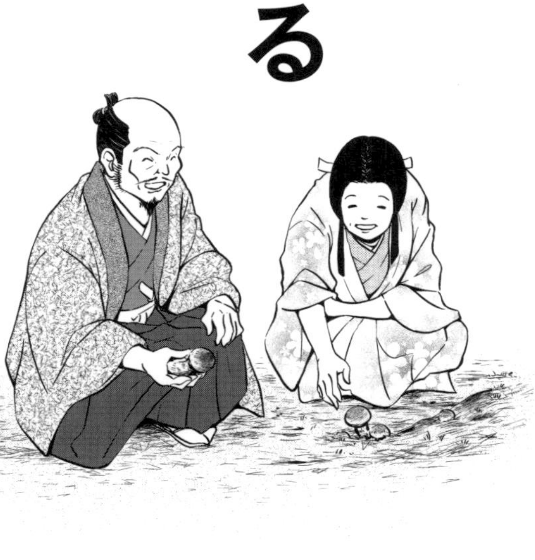

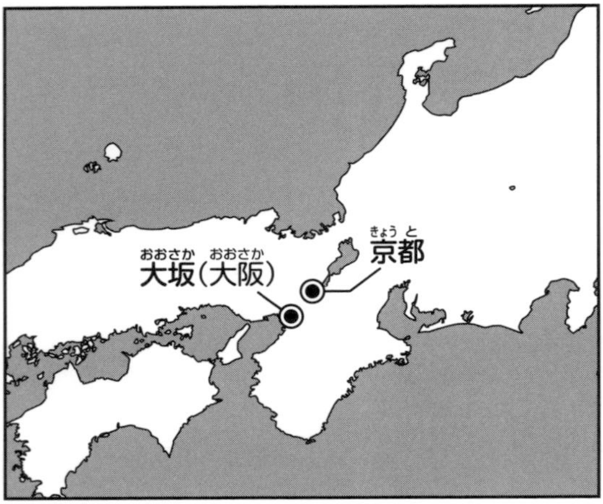

豊臣秀吉《とよとみひでよし》
（1537年生-1598年没）

人物紹介《じんぶつしょうかい》

豊臣 秀吉（とよとみ ひでよし）

戦国時代《せんごくじだい》には、多《おお》くの武将《ぶしょう》が「天下統一《てんかとういつ》」を目指《めざ》していました。「天下《てんか》」とは、日本《にほん》を支配《しはい》することです。

その中《なか》で、最《もっと》もゴールに近《ちか》かったのが織田信長《おだのぶなが》でした。信長《のぶなが》はとても強《つよ》く、反抗《はんこう》する相手《あいて》を容赦《ようしゃ》なく攻撃《こうげき》しました。短気《たんき》で、家臣《かしん》が失敗《しっぱい》すると激怒《げきど》し、厳罰《げんばつ》を与《あた》えました。人《ひと》にきつい人《ひと》は、必《かなら》ず恨《うら》まれます。信長《のぶなが》は天下統一《てんかとういつ》を目前《もくぜん》にして、家臣《かしん》の反逆《はんぎゃく》で殺《ころ》されてしまうのです。

豊臣秀吉《とよとみひでよし》は、信長《のぶなが》の家臣《かしん》でした。信長《のぶなが》と違《ちが》って、人間《にんげん》関係《かんけい》を大切《たいせつ》にしました。敵《てき》と戦《たたか》う前《まえ》に、話《はな》し合《あ》いに行《い》って和睦《わぼく》したり、味方《みかた》につけたりするのがうまかったのです。他人《たにん》の悪口《わるくち》を言《い》わず、周囲《しゅうい》を喜《よろこ》ばせるように心《こころ》がけていました。信長《のぶなが》の死後《しご》、戦国武将《せんごくぶしょう》を従《したが》わせることに成《せい》功《こう》し、日本《にほん》を統一《とういつ》することができました。

二人《ふたり》の違《ちが》いから、多《おお》くのことを学《まな》ぶことができます。

豊臣秀吉《とよとみひでよし》が、
天下《てんか》を取《と》ってからの
ことです

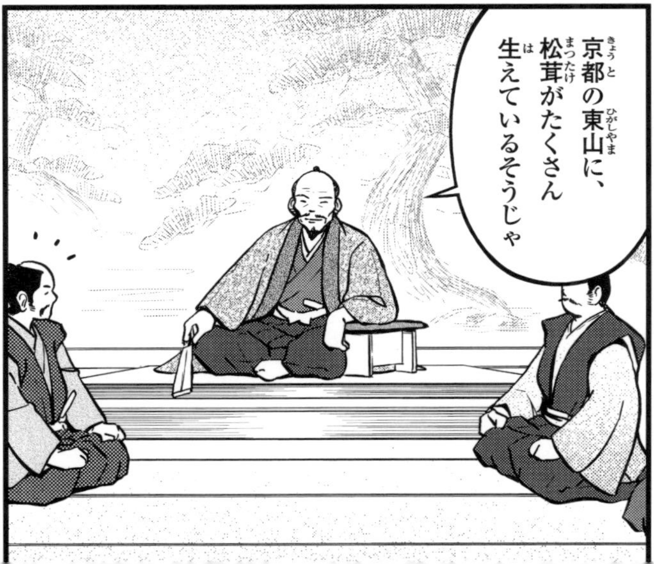

京都《きょうと》の東山《ひがしやま》に、
松茸《まつたけ》がたくさん
生《は》えているそうじゃ

どうだ、松茸狩《まつたけが》りをして遊《あそ》ぼうではないか
それは楽《たの》しそうですね
よし、みんなで明日参《あすまい》ろう、明日《あす》！
はははは
おい、まずわれらで下見《したみ》に参《まい》るぞ
ははっ

ところが、すでに京《きょう》の人々《ひとびと》がほとんど採《と》ってしまい、わずかしか残《のこ》っていなかったのです
何《なん》たること……
これでは、殿《との》はさぞかし落胆《らくたん》されることだろう……
よし
ほうぼうから松茸《まつたけ》を取《と》り寄《よ》せよう
こっそり山《やま》に植《う》えておくのじゃ
ははっ
ダ
急《いそ》げ！

山《やま》の入《い》り口《ぐち》は全《すべ》て塞《ふさ》いで、立《た》ち入《い》り禁止《きんし》にしろ
ははっ
夜《よ》を徹《てっ》して作業《さぎょう》を続《つづ》け、何《なん》とか間《ま》に合《あ》わせたのです
わい
わい

おお……
これは見事《みごと》
おお……。ほれ、そっちにもあるぞ
ほっ
わははは
こっちに来《き》てみろ、たくさん生《は》えておるぞ

ちょっと殿《との》!
グイ
これは自然《しぜん》に生《は》えたものではありません
誰《だれ》かが植《う》えたものでございます
殿《との》には、それがお分《わ》かりになりませんか?
しっ
こらこら、言《い》うな、言《い》うな
俺《おれ》たちを喜《よろこ》ばせようとして、皆《みな》がやったことだ

これだけ植《う》えるには、相当《そうとう》の苦労《くろう》があったはずじゃ
その気持《きも》ちを、ありがたく受《う》け取《と》ってやらなければならぬ
殿《との》……
ニッ
おお、あちらにも
これは愉快《ゆかい》愉快《ゆかい》

もし短気《たんき》な
織田信長《おだのぶなが》だったら――
俺《おれ》を欺《あざむ》く
つもりか!
激怒《げきど》して、家臣《かしん》を
罰《ばっ》したでしょう

秀吉《ひでよし》には、
相手《あいて》を思《おも》いやる心《こころ》が
ありました
人間関係《にんげんかんけい》を大事《だいじ》にして
いたのです
ここに、家臣《かしん》の裏切《うらぎ》りによって
暗殺《あんさつ》された信長《のぶなが》と、
農民出身《のうみんしゅっしん》ながら、
関白《かんぱく》、太閤《たいこう》へと出世《しゅっせ》した
秀吉《ひでよし》の違《ちが》いがあるようです

大《たい》切《せつ》な心《こころ》

温《あたた》かい思《おも》いやりを

豊臣秀吉《とよとみひでよし》は、農家《のうか》に生《う》まれ、苦労《くろう》して出世《しゅっせ》した人《ひと》です。野山《のやま》を駆《か》け回《まわ》って育《そだ》ったので、武士《ぶし》たちよりも、松茸《まつたけ》には詳《くわ》しかったはずです。自然《しぜん》に生《は》えたものか、誰《だれ》かが植《う》えたものかは、すぐに見破《みやぶ》っていました。

だけど、気《き》がつかないふりをして、「楽《たの》しいな」と言《い》って騒《さわ》いでいました。それは、自分《じぶん》を喜《よろこ》ばせようとして、徹《てっ》夜《や》までして松茸《まつたけ》を植《う》えてくれた家臣《かしん》への思《おも》いやりでした。苦労《くろう》してくれた人《ひと》たちに、喜《よろこ》んでもらいたかったのです。

皆《みな》、目上《めうえ》の人《ひと》には気《き》を遣《つか》います。しかし、秀吉《ひでよし》のように、家臣《かしん》や周囲《しゅうい》の人《ひと》にまで、温《あたた》かい気配《きくば》りができる人《ひと》は、なかなかいないと思《おも》います。

織田信長《おだのぶなが》のように、力《ちから》で押《お》さえつけるだけでは、人《ひと》はついてきてくれません。人間関係《にんげんかんけい》を大切《たいせつ》にした秀吉《ひでよし》だからこそ、戦国武将《せんごくぶしょう》のトップにまで上《のぼ》り詰《つ》めることができたのでしょう。

ものしりアルバム

豊臣秀吉《とよとみひでよし》

秀吉《ひでよし》は京都《きょうと》に伏見城《ふしみじょう》を築《きず》いて隠居所《いんきょじょ》としました。現在《げんざい》は、当時《とうじ》の屏風絵《びょうぶえ》を参考《さんこう》にして天守閣《てんしゅかく》が建《た》てられています。

醍醐花見図屏風《だいごのはなみずびょうぶ》

秀吉《ひでよし》は松茸狩《まつたけが》りに限《かぎ》らず、茶会《ちゃかい》や花見《はなみ》など、たびたび大《おお》きなイベントを開《ひら》きました。これは晩年《ばんねん》の「醍醐《だいご》の花見《はなみ》」と呼《よ》ばれる催《もよお》しを描《えが》いたものです。

（国立歴史民俗博物館蔵）

原作

新装版『こころの道』

新装版『こころの朝』

新装版『思いやりのこころ』

『まっすぐな生き方』

この歴史マンガは、木村耕一編著の、上記の書籍に掲載されているエピソードを原作として描いたものです。

〈参考文献〉

【1】トーマス・エジソン

ジーン・アデア（著）近藤隆文（訳）『エジソン』大月書店、2009年

ニール・ボールドウィン（著）椿正晴（訳）『エジソン——20世紀を発明した男』三田出版会、1997年

浜田和幸『快人エジソン』日本経済新聞社、1996年

【2】武田信玄

岡谷繁実『名将言行録』岩波文庫、1943年

【3】徒然草（兼好法師）

永積安明（校注・訳）「徒然草」（日本古典文学全集27）、小学館、1971年

【4】ルイ・パスツール

R・ヴァレリー・ラド（著）桶谷繁雄（訳）「パスツール伝」（筑摩書房編集部（編）『世界ノンフィクション全集』11）、筑摩書房、1960年

有原末吉（編）『新装版 教訓例話辞典』東京堂出版、1998年

牛島久子『パスツール』フレーベル館、1978年

竹内均（編）『難病に取り組み医学を発展させた人たち』ニュートンプレス、2003年

ロイ・ポーター（編）市場泰男（訳）『大科学者たちの肖像』朝日新聞社、1989年

【5】黒田長政

岡谷繁実『名将言行録』岩波文庫、1943年

童門冬二『「人望力」の条件』大和書房、1997年

『古典大系 日本の指導理念』7、第一法規出版、1983年

【6】髙島屋（飯田新七）

邦光史郎『豪商物語』博文館新社、1986年

髙島屋150年史編纂委員会（編）『髙島屋150年史』髙島屋、1982年

高島屋本店（編）『高島屋百年史』高島屋本店、1941年

【7】小野道風

堀場正夫『日日の格言』新学社、1969年

『日本随筆大成 新装版』12、吉川弘文館、1993年

【8】伊能忠敬

伊藤一男『新考 伊能忠敬』崙書房出版、2000年

伊達牛助『伊能忠敬』古今書院、1937年

【9】豊臣秀吉

岡谷繁実『名将言行録』岩波文庫、1943年

武田完二『豊太閤出世録』大同館書店、1935年

まんが：太田 寿（おおた ひさし）

昭和45年、島根県生まれ。
名古屋大学理学部分子生物学科卒業。
代々木アニメーション学院卒業。映像制作の仕事を経て、
現在イラスト・マンガを手がける。
日本の戦国時代を中心とした歴史の話題を好み、
城跡を愛する二児の父親。
月刊誌などに連載マンガ多数。
歴史マンガは、英語、ポルトガル語にも翻訳されている。

原作・監修：木村 耕一（きむら こういち）

昭和34年、富山県生まれ。
富山大学人文学部中退。
東京都在住。エッセイスト。
著書　新装版『親のこころ』、『親のこころ２』、『親のこころ３』
　　　新装版『こころの道』、新装版『こころの朝』
　　　新装版『思いやりのこころ』、『まっすぐな生き方』

マンガ　歴史人物に学ぶ
大人になるまでに身につけたい大切な心 2

平成28年(2016) 3月3日　第1刷発行
平成28年(2016) 6月17日　第2刷発行

まんが　太田 寿
原作・監修　木村 耕一
発行所　株式会社 1万年堂出版
〒101-0052　東京都千代田区神田小川町2-4-5F
電話　03-3518-2126　FAX　03-3518-2127
http://www.10000nen.com/

公式メールマガジン「大切な忘れ物を届けに来ました★1万年堂通信」
上記URLから登録受付中

装幀・デザイン　遠藤 和美
印刷所　凸版印刷株式会社

 ISBN978-4-925253-94-9　C8037

歴《れき》史《し》人《じん》物《ぶつ》に学《まな》ぶ大《たい》切《せつ》な心《こころ》

6 飯《いい》田《だ》新《しん》七《ひち》

自《じ》分《ぶん》も、相《あい》手《て》も、得《とく》をするように

7 小《お》野《のの》道《とう》風《ふう》

前《まえ》向《む》きに努《ど》力《りょく》していれば、道《みち》は開《ひら》ける